身《み》滌《そぎ》大祓《おほはらひ》

高天原《たかまのはら》に神留座《かむづまりま》す。神魯伎《かむろぎ》神魯美《かむろみ》の詔《みこと》以《もち》て。皇《すめみ》御祖神《おやかむ》伊《い》邪《ざ》那《な》岐大神《ぎのおほかみ》。筑紫《つくし》の日《ひ》向《むか》の橘《たちばな》の小戸《をと》の阿波岐原《あわぎはら》に御禊祓《みそぎはら》へ給《たま》ひし時《とき》に生座《あれませ》る祓戸《はらひと》の大神等《おほかみたち》。諸《もろもろ》の枉《まが》事罪穢《ごとつみけがれ》を拂《はら》ひ賜《たま》へ清《きよ》め賜《たま》へと申《まを》す事《こと》の由《よし》を天津《あまつ》神國津《かみくにつ》神《かみ》。八《や》百《を》萬《よろづ》の神等《かみたち》共《とも》に聞《きこ》食《しめ》せと恐《かしこ》み恐《かしこ》み申《まを》す。

佛説摩《ぶつせつま》訶《か》般若波《はんにゃはら》羅《ら》密多《みった》心経《しんぎょう》

観自在《かんじざい》菩薩《ぼさつ》行《ぎょう》。深般若《じんはんにゃ》波《は》羅《ら》密多《みった》時《じ》照《しょう》。見五《けんご》蘊皆空度《うんかいくうど》。一切苦厄《いっさいくやく》。舎利子《しゃりし》色《しき》。不《ふ》

異《い》空空《くうくう》。不異色《ふいしき》。色即是空《しきそくぜくう》。空即是色《くうそくぜしき》。受想行識《じゅそうぎょうしき》。亦復如是《やくぶにょぜ》。舎利子《しゃりし》是諸法《ぜしょほう》
空相《くうそう》。不生《ふしょう》不滅《ふめつ》。不垢不浄《ふくふじょう》。不増不減《ふぞうふげん》。是故空中《ぜこくうちゅう》無色無受想行識《むしきむじゅそうぎょうしき》。無眼耳《むげんに》
鼻舌身意《びぜつしんに》。無色聲香味觸法無《むしきしょうこうみそくほうむ》。眼界《げんかい》。乃至無意識界《ないしむいしきかい》。無無明亦無無明盡《むむみょうやくむむみょうじん》。乃《な》
至無老死亦無老死盡《しむろうしやくむろうしじん》。無苦集滅道《むくしゅうめつどう》。無智亦無得以《むちやくむとくい》。無所得故《むしょとくこ》。菩提薩埵依《ぼだいさつたえ》。
般若波羅蜜多故心《はんにゃはらみったこしん》。無罣礙無罣礙故《むけげむけげこ》。無有恐怖《むうくふ》。遠離一切顛倒夢想《をんりいっさいてんどうむそう》。究竟涅《くきょうね》
槃《はん》。三世諸佛依《さんぜしょぶつえ》。般若波羅蜜多故得《はんにゃはらみったことく》。阿耨多羅三藐三菩提故知《あのくたらさんみゃくさんぼだいこち》。般若波羅蜜《はんにゃはらみっ》
多是大神呪《たぜだいじんしゅ》。是大明呪《ぜだいみょうしゅ》。是無上呪《ぜむじょうしゅ》。是無等等呪《ぜむとうどうしゅ》。能除一切苦《のうじょいっさいく》。眞實不虚故《しんじつふここ》。
説般若波羅蜜多《せっはんにゃはらみった》。呪即説呪日《しゅそくせつしゅわつ》。羯諦羯諦《ぎゃていぎゃてい》。波羅羯諦《はらぎゃてい》。波羅僧羯諦《はらそうぎゃてい》。菩提娑婆訶《ぼぢそわか》。

般若心経《はんにゃしんぎょう》

浅野恵勝

「神道」＋「密教」＝究極のパワー。

神密力《じんみつりき》

たま出版

はじめに

私は本書のタイトルに「神密力《じんみつりき》」という言葉を用いた。聞き慣れない言葉だと思われたかもしれないが、それもそのはず神密力とは私が作った造語であり、公にご披露するのも今回が初めてであるからだ。

言うまでもなく、神密力の「神」という字は、日本古来の神道・古神道の「神」であり、「密」はお大師様（弘法大師・空海）が中国から持ち帰られた真言密教の「密」という字を当てはめたものである。

「神道・古神道」と「密教」、この二つのパワーが合わさることで相乗効果を発揮し、リバーシブルかつスパイラルに働いて無限の力となり、不可能と思われたことを可能に変えることもできる。このすばらしい神密力を身につけた人間のことを、私は「神密人間」と呼んでいる。

そして二十一世紀の夜明けを迎えた今、混迷の一途をたどる世界情勢を思うにつけて、地球を救うのは神密人間以外にないという思いをますます強くしているところである。

即身成仏を説いた真言宗の開祖である弘法大師・空海（以降、本文中では「お大師様」

と呼ぶこともある）は、神密力という言葉こそ用いられはしなかったが、その意味するところは同じだったと思う。

人間は神密力を身につけて神密人間になることができれば、あらゆる苦しみから解き放たれ、変幻自在に自分を変えることができて自由に大らかに生きられる。そればかりではなく永遠の生命を得て、究極の幸福の境地にいたることができるのである。

にもかかわらず、お大師様の時代から一二〇〇年も経た現在にいたるまで、人間は相変わらず苦悩から解き放たれていない。それどころか世界各地に戦火は絶えることがなく、地球環境汚染も深刻化するばかりで、地球は破滅の一途をたどっているかのようにさえ見える。

なぜか？　私に言わせれば、この世に「正しい信仰」が行なわれていないからである。正しい信仰が行なわれないところには神密人間は生まれず、エントロピアン（エントロピーを引き起こす人＝業の深い人）ばかりが増殖することになる。それが現在世界の断末魔的な様相ではないだろうか。

人類はいつまでも戦いをくり返していては進歩がなさすぎるというものである。歴史に学び、そこから発展的未来を構築する智恵とパワーを獲得すべきである。

神道・古神道には経典がない。また、密教は単に頭や理論では理解しにくい行《ぎょう》・実践の宗教である。このような実践優先で理論はあと回しという宗教に関わり、そこに身を置いている私が、今回それを本として書き表わさなければならないところに困難とジレンマがあるが、幸い、学問的なことは、ここで私が論じなくても多くの学者や研究者が著した本がたくさんあるので、それらを参考にしていただくことにして、この本では主として私自身が体験したことを記すことにした。

ところで、私の母・浅野妙恵師の著書（『霊界の秘密』および『神霊界の真実』）を読まれて、初めて私のところを訪ねて来られる方々は、皆さん、「妙恵先生が生きておられるときにお逢いしたかった。残念です」と言われるのであるが、私はその方たちに対して、「お気持ちはよくわかりますが、それは一二〇〇年前に入定《にゅうじょう》されたお大師様に生きておられるときにお逢いしたかったと言うのと同じです。一日前であろうと千年前であろうと、亡くなってこの世にいないというのは同じです。しかし、お大師様も母・妙恵師も肉体はなくても霊的存在として今も生きておられます」とお話ししている。すると、その意味をわかっていただき、うなずいてくださるようである。

たしかに母はすでに亡くなり、この世で逢うことは叶わないが、さまざまな局面において、「こういうとき母はどんなアドバイスをしてくれるだろうか」と母に思いを馳せると、母はただちに（この目には見えないが）姿を現わし、こちらの問いかけに応えてくれるのである。

このたび拙著を上梓するにあたり、多くの方々の温かいご支援と励ましをいただきました。ここに心より感謝申しあげます。この本が一人でも多くの方に読んでいただき、信仰の大切さをあらためて認識していただければありがたいと思っています。

「大師会」代表
浅野　恵勝

神密力（じんみつりき）——目　次

第二章　正しい信仰と神密力

第三章　あなたも神密人間になれる

第四章　神密力を発揮する

第五章 あの世からのメッセージ（Ⅰ）

第六章　あの世からのメッセージ（Ⅱ）

——五代前の女性の足跡を求める旅

写真協力

『福江市史（上巻）』福江市刊

油井正智著『この人生――霊能の生涯――』常福寺刊

●写真撮影／越智修平

●編集協力／見世龍彦

第一章

神仏習合のルーツをたずねて

まな板に現われた「えびす様」

世の中には信じられないような「不思議話」はたくさんある。私はお役目柄、こうした話を見聞きする機会が多く、また自分でもずいぶんいろいろな経験もしてきたが、次にご紹介するのは私の周辺で実際に起きた話の中でもとくに興味深いものである。本論に入る前に、まずは「現代版おとぎ話」からご賞味あれ。

私の友人にYさんという「えびす顔」をした人のいい男がいる。彼とはいまから十数年前、毘沙門天様《びしゃもんてん》のお祭りなどを手伝う「奉賛会《ほうさんかい》」で同じ会員だったころからの付き合いである。

彼は二十数年前から地元の「毘沙門通り」という商店街の一角でお好み焼き屋を営んでいる。いうまでもなく毘沙門通りという名は、店の近くにそびえる権現山という山の麓に毘沙門天様が古くから祀られていることに由来している。

ある日、久しぶりに彼の店に立ち寄ったときのこと、

「浅野さん、このあいだ腰を抜かさんばかりの不思議なことが起きたんでぇ。まあ、わしの話を聞いてくれんさいや」

私の顔を見るなり、あいさつもそこそこにYさんはいつもの広島弁でこう言った。私に会ったらこの話をしようと待ち構えていたようである。

「ほう、何があったん？」

彼の表情から興味をそそられる話であると直感した私は、すでに身を乗り出していた。ところが、そばで店を手伝っていた彼の奥さんが、間髪を入れず、

「また、その話をするつもりなの。もういい加減にしなさいよ。知らない人がこの話を聞いたら、あなたがバカにされるだけよ。それでなくても笑い者にされているのに…」

と、この話題に「待った！」をかけたのだった。

「まあまあ奥さん、心配ご無用。私は不思議話、大好き人間ですから、おそらくご主人のお話も理解できると思いますよ。ぜひとも聞かせてください」

こう言ってお願いすると、奥さんは苦笑しながら渋々了解してくれた。その不思議な話というのは、次のような出来事であった。

その年の十一月のある日、Yさんがいつものように朝早く、一人で店に入り、お好み焼

きの材料の仕込みなどをしていると、たまたまつけていたラジオからニュースが流れてきた。

「今日から三日間、広島の街は晩秋の風物詩、毎年恒例の『えびす祭り』がはじまります。神社周辺と中央通りの交通規制は…」

「ふん！　なにがえびす祭りじゃ。わしゃあ、それどころじゃないよ。毎日毎日、こうしてキャベツばかり刻んで、てんてこ舞いじゃ」

と、Yさんは愚痴めいた独り言をつぶやいていた。と、そのとき、その瞬間、彼の身に異変が起きた。

「おいおい、こりゃ一体どうなったんや？」

いままで包丁をもってキャベツを刻んでいた右手と、それを支えていた左手が硬直し、金縛り状態になったのである。合成樹脂の大きな白いまな板に両手がピタリとくっついたまま離れない。Yさんは一瞬、恐怖を覚え、死に物狂いで離そうとするが、どうしても離れないのである。

「助けてくれ、助けてくれーい！」

大声をあげて助けを求めた。と同時に両手が離れ、その勢いと反動で転倒し、腰と頭を厨房の硬い床に思いっきり打ち付けたのである。

打撲の痛みもどこへやら、やがて放心状態から立ち上がり、白いまな板に視線を向けると、二度ビックリの大仰天。夢か幻か、なんとそのまな板の表面にはニッコリ笑ったえびす様が映っているではないか。

「ワァーァッ！　ワァーァッ！」

と、Yさんは言葉にならない大声をはりあげて人を呼んだのだった。店は開店前で窓を全開していたので、その叫び声は近所中に響きわたった。

「すわっ、大事件？　何事じゃ？」

心配して駆けつけた二十人ばかりの人たちが、Yさんから事の次第を聞くと、

「人騒がせなYさんじゃのう」と言いながら、みな怪訝そうな顔をしてまな板をのぞきこんだ。

「あれっ、ほんまに、えべっさんが浮いて見えるぞ！」

何人かが異口同音に叫んで、顔を見合わせた。

「なんだって？　冗談じゃろう！」

遠巻きにながめていた者たちの何人かは、まだ疑ってかかっていた。だが、全員が入れ

替わり立ち替わり凝視してみたが、それは紛れのない事実だった。そればかりではない。

「おい、えべっさんが動いているぞ！」

総勢二十一人の四十二個の目が注視するなか、なんとその像が動きはじめたではないか！　まるで生きているように浮き上がっては大きくなり、沈み込んでは小さくなるという動きをくり返したのである。それぞれが目をこすって凝視してみるが、確かに動いている。そのうち疑い深い人が叫んだ。

「そんなバカな。ちょっと包丁を貸してくれ。削り取ってみせる」

何人かでかわるがわるまな板の表面を包丁で削ってみるが、削っても削ってもその像は消えない。

「あー、だめだ。消えない。おい、だれかタワシと洗剤をもってきてくれ」

今度も数人で交互に洗剤をかけ、タワシでゴシゴシこすってみた。が、いくらやっても一向に消えることはなかった。とうとうあきらめて、その日はみんな首をひねりながら帰っていった。

結局、そのえびす様はまな板に三日三晩ご滞在（?）された後、いつのまにか自然消滅したというのである。

「おもしろい体験をされましたね。たいへん縁起の良い、ありがたい出来事だと思いますよ。私は素直に信じます」

「そうじゃろ、浅野さん。ほんとうの話なんじゃけん」

彼は作り話でないことを何度も強調し、私が真面目な顔をして聞いていたことに気を良くしたのか、やや興奮気味に話を続けた。

「それから一週間後がたいへんじゃったんじゃ」

と後日談を話してくれた。それによると、ある民放テレビ局の「今どき評判のおいしい店」というローカル番組で取材を受け、それが放映されて彼の店が紹介されたとたん、広島一円はもちろん、他の市町村からも大勢の客足が続き、七日七晩、長蛇の列で大繁盛だったというのである。

ただし、ここで付記しておくと、取材に来たテレビ局のスタッフは全員、前述のえびす様にまつわる怪現象のことはまったく知らなかった。

話を聞き終えて、私は、

「Yさん、結構な話ではないですか。これはえびす様のお導き、お計らいですよ。あなたはえびす様とも縁が深いので、これからはえびす様を祀って、しっかり拝むとよいでしょう。感謝の心で祈れば、もっと良いことがありますよ」

と促したのであった。

「?………」

そのとき彼からの反応はなく、しばらく沈黙の時が流れた。店内に神棚を祀ってあるわけでもなく、ましてや仕事中にラジオを聞きながら、えびす様に文句をつけるような人である。私の助言など耳に入らないのかもしれない。そうであれば、なぜこの人にえびす様は不思議をお見せになったのだろうか。これには何か深い理由があるに違いない。

そこで私は思い切ってたずねた。

「Yさん、ちょっとお聞きしますが、あなたのご先祖でどなたか神様を祀って、熱心に信仰していた方はいませんでしたか」

すると、先ほどまでかたわらで苦笑しながら作業していた奥さんが手を休め、しんけんな表情で私にこう告げた。

「そういえば吉田の実家の神棚には、昔からそうとう年代物の大きなえびす様を今も祀ってあります。それと今回の出来事となにか関係があるのですかね」

吉田の実家というのは奥さんの里（旧家）のことで、数年前にNHKの大河ドラマでも有名になった戦国時代の武将・毛利元就の本拠地である。

そうか、これで謎が解けた！　Yさん夫婦は奥さんのご先祖の善徳をしっかりといただいて今日があるのだ。私はそう確信した。

その後、長らくごぶさたしているが、Yさんは店の経営はもちろんのこと、新企画のアイディアが当たり、事業が成功していることを共通の知人から最近聞いた。何はともあれ、「めでたし、めでたし」の一巻である。神様、仏様、ご先祖様に感謝、感謝。

二十数人の〝証人〟がその両の目でしっかり見た事実であるが、あなたは信じますか、この話。私自身は育った環境が環境ということもあり、子供のころから今日まで不思議な霊体験は枚挙にいとまがないほどあるが、とりわけこのYさんの場合は珍しい神威《しんい》現象であった。

ちなみに日本人になじみが深い「えびす様」は七福神の中で唯一の日本の神様で、「祖先崇拝を教える神」として人々に尊崇されてきた。「えびす」は胡子、恵比須、恵比寿と表記されることもある。

その他の六神のうち「毘沙門天様」ははたらく父の姿を示し、家内安全を守る神。「大黒天様」は別名「多聞天」ともいい、自然を守る姿を示し、五穀豊穣をもたらす神。「弁財天

七福神真言

（前列左より）恵比須神（のうぼうまかえびすさとば）、布袋尊（おんまいたれいやそわか）弁財天（おんそらそばていえいそわか）（中央）大黒天（おんまかぎゃらやそわか）（後列左より）寿老人（おんばざらゆせいそわか）、毘沙門天（おんべいしらまんだやそわか）、福禄寿（おんまかしりそわか）

イラスト／渡部 健

様」は聡明な母の姿を示し、家業隆盛をはかる神で、以上の三神はインドの神様である。「福禄寿」は福（子）・禄（財）・寿（長寿）である吉祥果報の姿を示し、子孫繁栄をかなえる神で「寿老人様」は敬老と平和の姿を示し、長寿延命をかなえる神。また、「布袋尊様」は布施の姿を示し、仏道成就を教える神であり、この三神はともに中国の神である。なお、福禄寿と寿老人が同一神だとすると六福神で一神欠けるために吉祥天を加えることもある。

すばらしいのは、これら仏教、神道、儒教、道教の神様が、国境や宗教教義の違いを越えて、福運をもたらす宝舟になんのこだわりもなく仲良く同乗していることである。七福神はまさに神仏習合を象徴的にあらわしたものであり、私たち人類が国や人種、文化、宗教など、あらゆる違いを乗り越えて、この地上に平和と繁栄を築いていくために協力していくことの尊さを教えてくれているように思える。

いまも神仏習合のスタイルは息づいている

さてYさんの話に出てきた毘沙門天様が祀られているところであるが、そこは広島新四

毘沙門堂参道入り口

国八十八カ所霊場、第十九番札所になっており、境内に入る山門がなんと鳥居なのである。鳥居は言うまでもなく神社の入り口である。

その鳥居をくぐると、すぐ右手に観音堂があり、聖観世音菩薩が祀られている。境内には鐘つき堂があり、そこを通過して本堂へ行く途中には七福神はもちろんのこと、弘法大師（修行大師）の石像をはじめ、さまざまな神仏が祀られている。

また、本堂から山のほうへ歩いて数分のところに多宝塔があり、そこには大日如来が祀られている。大日如来といえば真言密教の本尊である。そう、ここはお大師様（弘法大師・空海）とも縁の深い寺なのである。

この寺は毎年陰暦正月の「初寅の日」を縁

日とし、広島市一円はもとより全国から大勢の善男善女が訪れて、たいへんな賑わいを見せるのであるが、私も幼いころから毎年その祭りのときには母に連れられて参詣していた。

その寺は無住寺で、ふだんは地元の世話人たちによって護持・管理されており、祭りのときは広島市北部にある福王寺（真言宗）から住職が出張してくるのである。ところが地元の世話人たちの宗派は真言宗ではなく、安芸門徒、つまり浄土真宗の人たちである。

少し混乱してきたかもしれないので、もう一度整理してみると、ここの毘沙門天様は浄土真宗の世話人（安芸門徒）たちによって管理され、お祭りは真言宗の住職によってとりおこなわれている。寺の入り口は鳥居になっており、境内には弘法大師の石像をはじめ、ありとあらゆる諸神諸仏が祀られ、そばの山には大日如来も祀られている。

もうお気づきだろう。ここはまさしく諸神諸仏が仲良く肩を並べて共存する神仏習合の寺なのである。

このようなところは日本各地にまだたくさんある。一例をあげれば愛知県の豊川稲荷がそうである。そこは「妙厳寺」というれっきとした曹洞宗の禅寺であるが、寺の本尊は千手千眼観音菩薩で、守護神は荼枳尼天《だきにてん》というインドの神様である。この神様は日本ではキツネの聖霊として信仰されてきたので、この寺の境内に稲荷として祀られているのである。この寺も法堂（禅寺は本堂のことを法堂という）にいたる門は鳥居になっている。

神仏習合の誕生

ところで神仏習合は、いつ、どのようにして誕生したのだろうか。ここで日本における神仏習合のルーツを簡単にたどってみることにしよう。

ご存じのように古代の日本人は太陽、巨石、山岳、大木などに超自然力（神）を見出して、それらを畏れ崇めてきた。これらが神道として一つの形をなしたのは、六世紀半ばに大陸から仏教が渡来してきたときのことである。

それまでは「神《かむ》ながらの道《みち》」と呼び、一つの宗教スタイルとして形をなすまでには至っていなかった。仏教が入ってきたことにより、いわゆる〝名無しの権兵衛〟では困るということで、日本固有の信仰を「神道」と称して、初めてその立場をはっきりさせたのであった。

神道には「道」という字が当てられているように、文字どおり「道（レール）」であった。だから仏教が入ってきたときも、そのレールがあったおかげで、それにうまく乗りさえすればよかったのである。

もっとも仏教伝来当初は、従来の日本の神道とのあいだに当然ながら軋轢もあった。仏教信奉をめぐって蘇我氏（仏教側）と物部氏（神道側）のあいだで次第に対立を深めていき、ついに蘇我馬子が聖徳太子とともに兵を率いて物部氏を攻め滅ぼすに至った。聖徳太子による崇仏の時代はこうして開かれたのである。

その後も仏教側と神道側との関係はぎくしゃくしていたが、東大寺建立にあたって、応神天皇を主神として祀る宇佐八幡神が宇佐から上京し、天神地祇《てんじんちぎ》を代表して東大寺建立を祝福することになったのを契機に、以来、神と仏の新しい融和協調関係が生まれたのである。この関係はやがて神仏混淆《こんこう》の形態を生み出していった。これがいわゆる「神仏習合」のルーツである。

ちなみに弘法大師・空海は嵯峨天皇より賜った京都・東寺の鎮守として八幡神（鎮守八幡宮）を、また高野山の地主神として丹生・高野両明神を祀っている。このように神仏習合が空海の真言密教によって決定的なものとなったということもたいへん意義深いことである。

神仏習合は初期段階では仏が神に寄生するかたちで始まり、平安時代中期になると仏が根本（すなわち本地《ほんじ》）で、神は仮の姿（垂迹《すいじゃく》したもの）という「本地垂迹説」が生み出されていった。そして平安時代末期には全国大小の諸神祇にことごとく本地仏が設置され、この説が定着していったのである。

元寇（鎌倉時代）後は神国思想の高まりとともに神の優位が説かれはじめ、やがて神こそ本地であり、仏が仮の姿として現われたものであるという「反本地垂迹説」が出てきた。

このように多少の紆余曲折はあったものの、弘法大師以来、神と仏はお互い排斥しあうことなく長いあいだ共存してきた。日本人は「神仏習合」という世界でも類を見ない信仰スタイルをずっと守ってきたのである。

ところが明治新政府の神仏分離、廃仏毀釈の政策によって神と仏は分離され、仏は廃棄されてしまった。その影響はいまなお根強いものがあり、現在でも仏教は公教育から締め出され、千年にわたって日本人の心を培ってきた深い信仰心は失われてしまった。

この点について梅原猛氏は次のように述べている。

「…現在、日本人の精神の空白がしきりにささやかれているが、空白を回復するには神仏分離、廃仏毀釈の政策を深く反省し、神と仏の融合を図った空海の思想を復活させねばならないであろう。果てしなく広い空と海という、大日如来のような名を自らにつけたと思われるこの空海という巨大な思想家は、日本人の精神の帰るべきところを強く示唆しているのである」

週刊朝日百科（第一巻）「仏教を歩く・空海」より

明治政府は少なくとも社寺を中心とした表面的なものに対しては徹底的に分離を強行したけれども、一般大衆の生活と心情に根ざした神仏習合を分離することはできずに今日に至っている。

日本の多くの家庭では神棚と仏壇があり、神と仏をともに祀り、両者を分け隔てなく崇敬してきた。また、結婚式や葬儀など人生における大切な通過儀礼を神式か仏式でとり行なってきた。

こうしたことからもうかがわれるように、神仏習合は庶民の生活にまで深く根をおろしていたので、たとえ政府の政策であろうと、国民の意識まで変えることはできなかったのである。それは現在も変わらない。

なぜなら神仏の習合には千年を超える歴史があり、日本社会の体質そのものとなっているので、政治の力をもってしても変えることができるようなものではないからである。

神仏にかぎらず、外来文化が在来のものと融合して、やがて日本独自のものとなっていくというのが日本文化の特色である。日本人は外来の文化を積極的に受容し、日本の風土に合ったものに作り変えたり、古来のものと融合させてしまう能力にすぐれている国民といえよう。神仏習合は、その象徴的な現象といえるのではないだろうか。

典型的な菩薩行を行なった母・浅野妙恵師

明治新政府の神仏分離、廃仏毀釈の政策により、日本の宗教は、仏事はお寺、神事は神社でというように、その役割がはっきり分けられてきた。だが母・浅野妙恵師は若いころから神仏のどちらか一方を深く信仰するということはなく、両者を平等に信仰していた。

理由を知らなかった幼いころの私は、母がどうしてそのように神仏を分け隔てなく信仰できるのか子供心にも不思議であった。

母は幼少のころから弘法大師・空海のご守護を授かり、成人してからは、いわゆる「拝み屋さん」として、その天賦の霊能力により多くの人々を助けてきた。

真言宗総本山御室《おむろ》派の仁和寺で得度し、「妙恵」という僧名をいただいているが、神様とも縁が深いため剃髪もしなければ法衣も身につけなかった。だが、得度を行なって僧名をいただいている者として身を律し、その一生を宗教家として衆生の救済のために捧げてきた、いわば典型的な「菩薩行」をした人であった。

菩薩行の「菩薩」とは不動明王と同じように大日如来の化身であり、真言密教で大切な役目をはたす仏である。憤怒の相をした不動明王が悪魔や邪悪と闘って衆生の苦しみを肩がわりしてくれる法力をもつのに対して、やさしく柔和な観音菩薩は衆生を悟りに導き救ってくれる仏である。

観音菩薩、地蔵菩薩などは自分自身も仏になるための修行中の身でありながら、大日如来の大慈悲の力で衆生を照らし、衆生を即身成仏へと導くことこそ自分の誓願であると考え、我が身を捨てて真言を説く仏である。

血脈と歴史に支えられた妙恵師の霊能力

母の生涯については、既刊の浅野妙恵著『霊界の秘密』（潮文社刊）に詳述しているので、そちらも参考にしていただければ幸いである。

母の信仰生活のルーツは、自分の前世を知らされたところからはじまる。

二十一歳のとき、導かれるようにして東京（渋谷区初台）に在住の高名な霊能者・油井《ゆい》真砂《まさご》先生を訪ねた母は、そこで自分の前世は奈良時代の宇佐八幡宮（現在の大分県宇佐市）の禰宜尼《ねぎに》・大神杜女《おおがのもりめ》の生まれ変わりであることを知らされたのだった。宇佐八幡宮の大神杜女といえば、奈良時代、八幡信仰を全国に広めたことで知られる巫女《シャーマン》である。


この宇佐八幡宮そのものが当時からユニークな存在であった。というのも、神亀二年（七二五年）から弘仁一四年（八二三年）にわたって建てられた宇佐神宮は神を祀る神社でありながら、仏教も取り入れ、境内に弥勒寺というお寺を建てていた。つまり、神仏習合をなし遂げた日本でただ一つの神社であった。

八幡神は「八つの幡の神」、つまり「たくさんの神」という意味を表わし、まさにオリンピックの神、ローカルにしてグローバルな神なのである。

毎年、東大寺・二月堂の「お水取り」の模様をテレビなどで紹介しているが、東大寺のお坊さんたちはお水取りの一カ月前から日本全国の神々を拝むという。この東大寺建立に母の前世である大神杜女が深く関わることになったのである。

当時、大神杜女は弟の大神田麻呂《おおがのたまろ》とともに宇佐八幡宮の禰宜尼として八幡神のご託宣をし、多くの人々を救いに導いていた。やがてその能力を買われて聖武天皇の御世、奈良時代最大の国家事業であった東大寺の大仏建立の折にご託宣を依頼されたのだった。

母・妙恵師の娘時代

油井真砂禅尼

大仏の鋳造がはじまると、物が大きいだけに工事は難航した。天皇もその一大事業が成功するだろうかと気が気ではなかった。

そんなとき八幡神が、「神である私（八幡神）が天神地祇を率いて、必ず成功させてみせます。銅の湯を水となし、私の身を草木土にまじえて、障害のないようにいたしましょう」との託宣を出して、はるか九州の地から天皇を励ましたのであった。

また、大仏に金を塗る段階に至り、金が不足したために唐（中国）から求めようとしたときも、八幡神が「求めている黄金は、いまにこの国（日本）から発見されるでしょう。唐へ使いをやる必要はありません」との託宣を出して天皇を励ました。

この予言（託宣）がみごとに当たり、間もなく東北から黄金九百両が献じられた。こうして宇佐神宮は大仏建立という大事業に際し、物心両面から天皇を助けたのであった。

大仏が完成すると、八幡神は「都へのぼって大仏を守護しよう」と上京することになった。このとき杜女は九州の片田舎・豊前国（現在の大分県宇佐市）の宇佐八幡宮から奈良までの長い道のりを輿に揺られて東大寺へ向かったのだった。『宇佐神宮由緒記』によれば、そのときの模様を次のように記している。


「奈良東大寺への行幸」

《もともと東大寺建立は、仏教がわが国で栄えるか否かの大事業で、聖武天皇がもと河内国の知識寺の盧舎那仏《るしゃなぶつ》を新たに造りかえることであった。

天平勝宝元年（七四九年）十一月、八幡大神と共に比咩大神は紫錦の神輿《みこし》に召されて京に向かった。海路にて神戸の岬についた。

ここで迎神使・石川年足、藤原魚名の迎えをうけ、特に大神杜女は紫色の輿にのせられたという堂々とした入京である。……》

ところで神輿といえば、日本全国の神社で行なわれるお祭りに付き物である。わが国で最初の神輿は八幡神に発するといわれているが、もしかしたら、その昔、杜女を運んだ神輿が一三〇〇年にわたって神輿の原形となったといえるかもしれない。

八幡神はその功績を評価されて、東大寺の背後の手向山《たむかやま》に分霊をとどめて、東大寺を守護するようになった。これが手向山八幡宮で、宇佐の八幡神が全国へ広まる第一歩となった。ちなみに八幡の分社として、京都・山城の岩清水八幡宮、鎌倉の鶴ヶ岡八幡宮などが有名である。

その後、大神姉弟は偽託をして陰謀を企んだという疑惑をかけられ、当時の権力闘争に巻き込まれて流罪にあうが、翌年には嫌疑も晴れ、姉弟とも郷里・宇佐に戻り、禰宜尼に復帰している。このことを見ても、八幡宮において大神姉弟がいかに重要な人物であったかがしのばれる。

いずれにせよ、九州の片田舎のこの姉弟が、大仏建立という国家的大事業に適切な助言（託宣）をして天皇の大きな支えとなったことに重大な意義があり、結果的に宇佐神宮の名を全国に知らしめることになったことも事実である。

宇佐八幡と弘法大師・空海と母をつなぐ深い縁

ところで大神杜女の始祖は大神比義《おおがのひぎ》といい、八幡神と最初に出会った人物とされている。先の『宇佐神宮由緒記』によると、その場面は次のように描写されている。

《今から一四四〇年前、菱形池のほとりの、泉のわく処に、鍛冶をする老人や、八つの頭のある龍が現われて、この奇怪な姿を見た者はたちまちにして病気になったり、死んだりした。

この神の祟りをおさめようとして、どこの人ともわからぬ大神比義という老人が来て、三年あまり断食をして精進潔斎の修行をしたところ、欽明天皇三十二年（五七一年）の二月初卯の日、この泉のかたわらの笹の上に光かがやく三才の童子が現われて、

「われは誉田《ほんだ》の天皇《すめらみこと》広幡八幡麿《ひろはたのやはたまろ》なり」と申され、たちまち黄金の鷹になり駅館川の東岸の松の上にとどまったという。

これが八幡さまが、この世に現われた第一の記録（社伝）である。》

比義という人物は、「人間であって人間ではない人（神人）」と言われたとか、「五〇〇歳まで生きていた」という伝説があることを見ても、大神家は始祖の代からすぐれた霊能力を持ち合わせたシャーマン（巫女）の系統であったことがうかがわれる。

ちなみに母の祖父・鹿島元孝は豊後高田（大分・宇佐丘陵）の出身である。そうであれば昭和の時代によみがえった母の霊能力は血脈と霊脈によるものであり、その神仏習合という独特の信仰スタイルも長い歴史に支えられた必然のものであったとしか思えない。

しかし、神仏への深い信仰と理解がない者にとっては、母の信仰スタイルは欲張ったものであり、また中途半端なものに映ることだろう。そのかぎりにおいては仏教界からは邪道と呼ばれ、神道界からは「なにも仏様まで拝まなくても…」ということになる。

だが、いま述べたような歴史を振り返ってみれば、それは不思議なものでもなければ怪しいものでもないことが一目瞭然である。運命の巡り合わせによって母の仕事を継ぐことになった私は、当然、このことは知っておかなければならないことであった。

現在、八幡宮の祀神は全国津々浦々に約四万社あり、規模からいっても日本でいちばん大きな神社である。それゆえ八幡宮の本霊である宇佐八幡宮は九州の片田舎に在るとはいえ、日本を代表する神社でもある。

母を守護してくださっているお大師様（弘法大師・空海）と奈良東大寺とのご縁も浅からぬものがあった。というのは、お大師様も唐（中国）に渡る前に東大寺の大仏殿（盧舎那仏）の前にひれ伏し、

「諸仏よ、まことの智慧を授けたまえ
　吾に不二の法門を与えたまえ」

と、一週間ものあいだ、しんけんに祈願していたのである。吾に不二（最高至極）の法門を与えたまえと祈願されたのは、「自分の探し求めている真理はこのようなもの（当時、隆盛を誇っていた南都六宗［三論、成実、法相、倶舎、律、華厳］ではない。ほんとうの法門を与えてほしい」という意味である。

お大師様が感じた疑問とは、華厳宗をはじめとして南都六宗（奈良仏教）が、人は死なないかぎり涅槃《ねはん》に入れないとする、いわば「死の教え」についてであった。当時の仏教は宗教というよりはアカデミックな哲学・学問としてとらえられており、お大師様はそこでなされた死についてのこのような哲学的解釈に釈然としないものを感じておられたのである。

一週間の祈りを終えたお大師様は、大仏殿（盧舎那仏）より「大和国高市郡《やまとこくたけちのごうり》の久米寺に行くがよい」というお告げ（夢告）をいただき、久米寺の宝塔にて神秘の法門にいたる一巻の「大日経」に出合ったのである。

さらに、しばらくしてのち、一介の沙門（私度僧）にすぎなかったお大師様は入唐（遣唐使船で出国）の条件として官僧になるために東大寺戒壇院で具足戒をうけ、正式の得度を行ない、名を「真魚《まお》」から「空海」と改めた。時に八〇四年四月、三十一歳の頃のことである。

お大師様が最澄とともに遣唐使として唐に渡ったのは、その後まもなくのことであった。そして中国でインド伝来の正統な密教を学んで帰国したとき、お大師様が真っ先に向かったのは宇佐八幡であった。

お大師様の教えの根本は「即身成仏」である。即身成仏とは現世で肉体をもったまま宇宙の真理と一体化することができるということである。お大師様はこの法と教えを実践し人々に弘めたのだった。お大師様と母、宇佐八幡と母はこのように深い縁で結ばれていたのである。

母になぜすぐれた霊能力が備わっていたのかという謎は、大神杜女の生まれ変わりであること、そして大神氏族自体が始祖の代からシャーマンの家系であったことが明らかになった今、ようやく解明された。けれども神仏習合の信仰スタイルを頑なに守り、それを実践する母に仏教界（顕教）は異端の目を向け続けていた。

母はそうした冷たい視線をものともせず、日本古来の神道やシャーマン（巫女）としての血脈を縦軸とし、外来の密教の教えを伝えたお大師様の守護をいただいた境遇を横軸に、凛としてその態度を貫いたのであった。また、宗教家として活躍する一方で、結婚して家庭を持ち、妻として母として生活人としても最善を尽くしたのだった。

信者さんたちはもちろんのこと、母を知る世間一般の人々の母に対するイメージは「霊感力がすばらしい人」「よく当たる拝み屋さん」というように断片的な評価にとどまっていた。だが母は霊感力がすぐれていただけでなく、霊能者にありがちな性格的に片寄ったところもなく、きわめて常識をわきまえた人であった。父に対しては良き妻、私たち子供に対しては良き母親として愛情を惜しみなく注いでくれた心やさしい人であった。息子の私が言うのはいささかはばかられるが、知性、品性、徳性ともに大変すぐれた人物であった。

神仏習合スタイルで行なわれた母の葬儀

母の宗教スタイル（神仏習合）が終始一貫していたことは、その葬儀にも如実に現われていた。それはまさに神仏習合を象徴するセレモニー（式典）であった。

平成八年四月に母が息を引き取ったあと、浅野家の菩提寺である広島市内の新日山安国寺不動院というところで葬儀を行なったのであるが、そこの各伽藍（がらん）や古文書は、それぞれ国の重要文化財や国宝に指定されており、特に本尊薬師如来像が安置してある国宝・金堂においては、本来ならば一般葬儀はできないことになっている。そこを住職の特別のはからいで十数年前には父の葬儀も行なわせていただき、今回、母も特別の許可をいただくことができたのだった。

不動院の住職と喪主をつとめる実兄とが相談して、日取りは五月一日に決まったのであるが、私としては全国の信者さんにお知らせしたかったので、できればもう二、三日遅らせたかった。必死であちこちの信者さん（約二〇〇〇件）に電話で連絡しても、式の日までとうてい終わりそうになかったからである。

兄に頼んでみたが、住職や葬儀屋さんと交渉して決めたことなので、いまさら変更は無理だ。予定どおり決行するといって、結局その日に済ませてしまった。

ところが案の定、あとから聞きつけた遠方の信者さんたち（その中には母と親密な交流をしていた方が多くいた）から、どうしてもっと早く知らせてくれなかったのかと私にクレームが殺到した。

「申しわけありません。時間的にも物理的にも手が回らなくて、たいへん失礼しました」と、私は私で必死に弁明をしたのであるが、信者さんたちの気持ちはおさまらなかった。

結局、信者さんたちの強い希望で、「もう一回やろう」ということになり、葬儀に出席できなかった人たちが自宅道場に集まって、あらためて行なうことになった。母は病院から自宅に戻らないまま葬儀を行なっていたので、そうすれば母も喜ぶだろうと思い、私も快諾した。

前回、出席できなかった信者さんたちに自宅道場に集まっていただき、ここでそれまで母といっしょにやっていたように、声を出してお経や祝詞をあげようという案にも賛成であった。

式を行なうにあたり、どういう方法でやろうかということになった。先の葬儀は真言宗のお寺であったので当然ながら仏式であげていたので、誰いうともなく、「せっかくだから神主さんを呼んで神道形式でやろう」ということになった。そして、葬儀屋さんの紹介で住吉神社の宮司さんが祭主を引き受けてくれた。

一回目の葬儀から約一カ月後、前回は連絡が取れずに列席できなかった信者さんたちが全国各地から駆けつけてくださり、みんなでお経と祝詞を唱和して、至れり尽せりの葬儀を行なうことができたのである。

こうした一連のことについて、あとで考えてみればみるほど不思議な気がしてならない。なぜなら私が別に意図したわけではないのに、母の葬儀は仏式と神道式の両方、すなわち神仏習合のスタイルそのものとなったからである。

母は神仏習合の信仰に生き、そして最後の締めくくりまで神仏習合のスタイルを貫いたということになる。最初の葬儀をもう二、三日遅らせてもらっていたら二度目の葬儀はなかっただろう。それもこれも神仏の大いなる計らいとしか思えない。ありがたいことだと感謝している。

余談になるが、母は生前、身内や近所の通夜や葬儀にも参列しなかった。そのためにほとんどの人（とくに身内）から付き合いの悪い人間と思われていたようである。このことについては、その著『神霊界の真実』（たま出版刊）の「あとがき」でも少し触れているが、そこではその訳については触れていない。

母が死者を弔う通夜や葬儀をあえて避けた理由は簡単だった。一つには母は霊界・幽界・霊魂に最も近いところにいたので感応しやすいからである。もう一つの理由は、仏に仕える一方で神様にも仕えている身なので穢《けが》れることを避ける意味もあった。この二つの理由で断っていたのであるが、このような事情は残念ながらほとんどの人に理解してもらえなかった。

時節到来、母の跡を継ぐ

天賦のすぐれた霊能者として多くの人々の救済にあたり、愛され親しまれてきた母・浅野妙恵の次男として生まれてきた私は、朝夕お経や祝詞を子守唄のように聞きながら育った。当然ながら母に連れられて全国のお寺や神社にお参りする機会も多かった。

こうした環境で育ったこともあり、少年期の私は母の日常生活に疑問を感じながらも、ごく自然に神仏を信じ、霊界に親しみを抱くようになっていた。しかし成人して論理性が芽生えてくるようになると、敬愛する母をただの拝み屋さんで終わらせたくない。見えない世界に秘められた謎を学問的にも宗教的にもできるだけ解明してみたいという思いにかられるようになり、哲学や心理学、宗教学をはじめ、さまざまな書物を読みあさり、すすんで勉強するようになった。

母の前世である宇佐八幡宮の巫女、大神杜女について調査しようと思い立ったことも、母に受け継がれている神仏習合の流れをはっきりさせることができるかもしれないと考えたからである。実際に勉強や調査をしてみて、あらためて母の霊感力のすばらしさに驚かされるとともに、母が果たしてきた社会的・宗教的役割の重要性などについても、あらためて目を開かされたのだった。

母の本が刊行されたり、テレビや新聞、週刊誌などマスコミで母の活動が何度か取り上げられてからは、全国から多くの人たちが訪ねてくるようになった。若い人たちの中には母に会えば自分も同様の能力にあやかれるのではないかという安易な気持ちが見え隠れしていた人も少なくなかった。おそらく彼らにしてみれば、そんな能力をもつ人物を母にもつ息子（私）がうらやましかったに違いない。

しかし青年のころの私は、まだ母の跡を継いで宗教家として生きていく気持ちにはなれなかった。私も夢多き青年としてもっと外の広い世界を見たかったし、まだまだいろいろなことを経験しておきたかったからである。

広島の私大に進んだ私は、二十歳のとき、二年間の世界一周ひとり旅を計画し、それを決行した。当然、両親は反対したが最終的には許してくれ、気持ちよく送り出してくれたのだった。

二年後、目的を果たして無事に帰国した私は、当時、貿易学科のあった東京の私大に編入した。そのため広島の実家には盆や正月、あるいは祭りの日など特別な日だけ戻ってくるというような生活を送っていた。

そのうちに父（真言宗の僧侶）が他界し、兄が結婚して家を出たために母のひとり生活がはじまった。ひとりになったからといって、毎日のように訪れてくる信者さんの相談事を聞き、拝むことでその解決法をアドバイスするという母のライフスタイルが変わったわけではない。ますます多忙に追われていることも気がかりであった。

私はよくよく考えた末に、広島に帰って母をサポートする道を選んだ。当時、東京で事務所を構え、新規事業に力を入れていた時期でもあり、仕事への未練はないではなかったが、いったんそこを引き払い、帰広したのであった。

母のサポートをするといっても、当然、私自身も経済的に自立していかなければならないので、母の元でできる仕事をしようと考えた結果、自営事業としての学習塾と英語教室をはじめることにした。

塾経営のかたわら、母の仕事を脇から支えるために、信者さんへお茶をお出しすることから車での送迎など、あらゆる雑事をこなしていた。あたかも母の眷属《けんぞく》（お使い）のようなはたらきをしていたのである。

母は自分を頼って訪ねて来られる信者さんの話に耳を傾け、神仏に拝んでその因縁をたずね、解決法をアドバイスしていたが、そうした母の姿を日常的に見ていながら、また、その特殊な能力や信仰のすばらしさに感銘を受けながらも、私はかえって脇道にそれ、心理学や気功・ヨガ・ニューサイエンス、量子物理学などに興味をいだき、それらを好んで勉強していた。そして、そういうものを勉強していると、今度は東洋医学や大脳生理学を知っておきたいと思うようになり、それを学ぶことになった。

この時期の私は、母の目にはいかにも脇道にそれたことばかりやっているように映ったかもしれない。だが、私にはこれらすべてが必要なことだったのである。たとえば、このとき大脳生理学を学んだおかげで、最近よく話題になっている「間脳（霊性の場）」や「松果体（霊感のセンサー）」、あるいは「爬虫類の脳（凶暴性を出す古皮質）」のことなどもある程度まで理解できるようになったし、東洋医学やチャクラの開発なども多少の知識を身につけることができた。

しかし、運命というものは避けがたいものがあるようである。いろいろと脇道にそれてはみたが、結局、自分の最終的な仕事は母の仕事を継ぐことだと実感しはじめるようになり、それを選んだのであった。そのとき私はすでに五十歳になっていた。

ある日、私は母にこんな質問をしてみたことがあった。

「お母さんの仕事を継ぐに際して、ちょっと心配なことがあります。私は母さんのように霊能力がつくようになるでしょうか」

母は「うーん！」と言って私のために拝みはじめた。しばらくして、

「おまえの体から特殊で幾何学的な強力波動（エネルギー）が出ているのが見える。それに法力もある。きっとおまえにもそういう霊的な潜在能力が授かっていると思うよ。おまえはおまえなりのやり方があるのだから、これからもっと修行すれば、いずれ私と同じようになるだろう。脇道にそれることなく邁進して、力を発揮しておくれ。

それと、もうひとつ大事なことを加えるならば…。いいですか、私の神通力というものは単に方便なのです。究極の目的（仏の説く真理）に近づくための一つの手段・方便にすぎないのです」

と言ってくれた。母の仕事を継ぎたいと考えている私にとって、なんとも心強い言葉であった。いまもその言葉を胸に秘めて、日々精進しているところである。

霊能力といえば、もう一つ思い出すことがある。これもうずいぶん前のこと（私が二十代後半のころ）になるが、母に拝んでもらっていたとき、私はお不動様に「体を貸せ」と言われたのである。とっさのことで恐怖心が先に立ち、躊躇《ちゅうちょ》してしまったが、そのと

き意を決して踏み込んでいれば、もっと早くそうした力を身につけることができたのではないかと悔やまれる。

だが、すべての物事には時節（タイミング）・因縁というものがある。冬、雪が降っているときに種をまいても芽は出ない。春先にまいてこそ初めて芽も出るというものである。それと同じようにお不動様の申し出は、そのときの私には時期尚早だったのだろう。

母の跡を継ぐことは別に強制されたわけでもなく、私の自由意思に任せられていた。だからこそ二年間の世界一周ひとり旅も経験できたし、アルバイトを含めば四十数種におよぶ職業を経験することもできたのである。

しかしながら、そんな私が許されて母の跡を継ぎ、微力ながら人様のお助けをさせていただいていることを思うと、運命的なものを感じると同時に、時節・因縁の不思議と意味を考えないわけにはいかない。また、そのように思うたびに母が元気なときにもっと親孝行をし、もっと信仰について習っておけばよかったと悔やまれてならない。

いまの私の生活は毎日が霊的生活そのものであり、俗社会から見ると非日常的なものかもしれない。だが私にとって、これが日常であり当たり前のことなのである。

「無《む》盡《じん》蔵《ぞう》」

無心にはたらく人の　輝き
邪気のない人の　すがすがしさ
戦わない人の　安らぎ
勝ち負けのない人の　強さ
思い込みのない人の　正しさ
野心のない人の　静けさ
幻想のない人の　爽やかさ
こだわりのない人の　おおらかさ
とらわれのない人の　大きさ
なにもない人の　豊かさ

これは臨済宗妙心寺派管長の倉内松堂《くらうちしょうどう》先生の言葉であるが、ここに書かれていることは私の理想とする生き様であり、人間像でもある。

神仏に完全信頼を置いて

母が亡くなったあと私自身に関しても不思議なことがいくつも起きた。たとえば幽霊とか怪奇現象といえば一般の人は怖がるものであるが、母が亡くなった直後から、私にはそれがまったくなくなってしまったのである。

私の家には因縁事やさまざまな悩み事の相談のために、いろいろな方が出入りしているので、どうしてもそういうもの（死霊や生霊など）を連れてくることが多い。そういうことから母が生きていたころは、たとえば夜中にトイレに起きたときとか、暗闇の不気味な場所に立ち入ったときなど、正直のところ恐怖心や不安感があった。それが、母が亡くなった直後から不思議とそういった感情が完全に消えてしまったのである。

どうしてそうなったのか考えてみた。そして気がついたことは、恐怖心や不安感の有無は、自分がお大師様やお不動様の教えを心から信頼しているかどうかという問いかけになるということであった。

神仏を完全信頼できるようになって、人は初めていっさいの怖れや不安、迷いや疑惑といったものから抜け出すことができるのであるが、私自身にそういう感情がなくなったということは、母が私に乗り移った証《あかし》に違いないと感謝しているところである。

母の跡を継いだ私の宗教スタイルも、当然ながら母と同じく神仏習合そのものである。生前の母がしていたと同じように、朝夕に仏壇と神棚の前に座し、「開経偈」からはじまり、「般若心経」「十三仏真言」「祝詞」などをあげている。神仏をお祀りしている以上、諸神諸仏に毎日ごあいさつをするのは当たり前のことだと考えている。

また、月々の決まりの「お行の日」（たとえば一日、十五日は諸神、二十一日はお大師様、二十四日はお地蔵様、二十八日はお不動様）は諸神諸仏に関連したお経や祝詞をあげている。もちろん信者さんが相談にみえたときも、本題に入る前に必ずその人といっしょに祭壇の前に正座し、同様に行なっている。

諸神諸仏へごあいさつをすることは母が存命のころから厳しく言われてきたことでもあり、母の跡を継いでから現在にいたるまで一度も欠かしたことはない。しかしながら、人様のためのご祈願は行なっても私ごとの祈願をしたことはほとんどない。

早いもので母の代の草創期から通算すると、かれこれ五十年以上もこのような生活スタイルを送っていることになるが、この先も生きている限りこのスタイルを続けていくつもりである。母がしてきたように私も微力ながら悩める人や苦しんでいる人たちの力になりたいと思っている。

第二章　正しい信仰と神密力

因縁と運命の違い

人はなぜ悩み、なぜ苦しむのであろうか。

母の仕事柄、我が家には悩み事の相談のためにいろいろな方がみえていたので、私は子供のころから人間のもつ悩みや苦しみを目の当たりに見聞きしながら育ってきた。

母と信者さんたちとのやり取りのなかで、「こんな目にあうなんて、これが私の運命でしょうか」とか、「先祖の因縁でもあるのでしょうか」といった会話もよく耳にしていた。

「運命って何だろう。因縁って何だろう…」

子供であった私はまだ言葉の意味がよくわからなかったが、それでも子供なりに人間には運命や因縁という抗《あらが》いがたいものがあることを知った。やがて成人して哲学や宗教、心理学などを学んでいくうちに、ようやくその意味が理解できるようになったのである。

私が理解した運命論と因縁論は簡単にいえば、こうである。

つまり人間は現実に見える現象ばかりにとらわれるあまり、それがマイナスの現象（好ましくない現象）のときは落ち込んだり悲しんだりして、「運が悪かった」とあきらめてしまう。これが運命論である。運命論ではマイナスの現象だけを見ることに終始し、「これも運命だから仕方がない」とあきらめてしまう。そこには悲しみがあるだけで、なぜそうなったのか原因への気づきがないまま終わってしまい、人間として進歩も成長もない。

これに対して因縁論は、「時、空、人」のどの部分が因縁につながってしまったのかを分析し、反省し、懺悔することで原因に気づいていくことをいう。因縁論は運命論とちがって、マイナスの結果だけでなく、当然ながら喜ばしいことやうれしいことなどプラスの結果が出る場合もある。

プラスとマイナスのどちらが現われるかは、その人のもっている「時、空、人」の三要素による。もしマイナスの現象が出たら謙虚な気持ちで反省し、その原因に気づくことである。ささやかでもプラスの現象が出たら、「ありがたいことだ」と感謝の気持ちをもつことが大切である。

「時、空、人」の三条件が重なった例として、一九四五年八月六日午前八時十五分、私の住んでいる広島に原爆が投下されたときの犠牲者について考えてみよう。「その時刻に」「爆心地に」「居合わせた人」という三つのマイナス要因がたまたま重なったとき、史上初にして史上最悪の原爆投下という前代未聞の惨事の犠牲になってしまったと考えることができないだろうか。

原爆にしろ何にしろ、すべての現象は必ずこの「時、空、人」の三つがつながったときに発生する。別の言い方をするならば、三つの要因のうち一つでも欠けていれば何の結果も現われず、現象も起こらない。仏教ではこれを「運命」とはいわず、「因縁」と呼んでいる。

実を言えば私も、ひとつまちがえば、この世に居なかったかもしれないのである。一九四五年八月六日、午前八時四十五分、あの忌まわしい原爆投下のそのとき、祖母の背におぶわれた一歳八カ月の私が、広島の爆心地から数キロ先（八木村）にいた。幸い防空壕の中にいたことで被災を免れることができたのである。

神密力とは何か

ところで、この「時、空、人」の下に「間」をつけてみるとどうなるか。

・時――――時間

・空――――空間

・人――――人間

「時」の下につければ「時間」になり、「空」の下につければ「空間《かん》」に、「人」の下につければ「人間」なる。これらの「間」のもつ意味は「三次元的な間ではなく、肉眼では見えない間《ま》を表わしている。間は波動や微粒子として漂っているので、現象に気を取られている人は間のもつ重要性を見落としてしまうことになる。「間に合わない」「間が抜けている」「間が悪い」という言い方があるように、昔の人も間のことをよく知っていたと思われる。

人、集団、組織、土地、家屋、品物などが邪気や毒気を帯びていたり、歪んでいたり濁っていたりすると、この三つの間に歪みやねじれを起こしてしまう。これを「悪縁」という。

そんなわずか一秒、一ミリの差が生じただけも事故や事件につながってしまうのであるが、これを正しく制御・微調整するのは、残念ながら現在の最先端のハイテク機器やコンピュータをもってしても不可能である。

どうすれば可能になるか。可能にすることができる手段はただ一つ。それは「正しい信仰による力」である。目に見えない世界から正しい情報を得ることができるのは、この力以外にはない。この力のことを私は「神密力」と呼んでいる。

神密力とは私がつくった造語で、いうなれば日本古来の神道・古神道の「神」のはたらき（エネルギー）と、お大師様（弘法大師・空海）が中国から持ち帰られた真言密教の「密」のパワー（智慧・法力）を合わせた力である。この神と密の二つのパワーが相乗効果を発揮し、リバーシブルかつスパイラルに働いて無限の力となる。

それゆえ神密力を身につけると、「時、空、人」の三つの歪みやねじれを正常な状態に戻すことができるようになる。つまり災いをもたらす悪縁を制御・微調整することが可能になるのである。

このすばらしい力は特別な人のものではなく、誰でも手に入れることができる。だが、それには一つ条件がある。その条件とは「正しい信仰を行なうこと」である。

世の中には神仏を信仰している人はたくさんいるが、それが正しい信仰であるかどうかは別問題である。では、正しい信仰とは何か。私は正しい信仰とは次の三つのことを行なうことに尽きると思っている。

①神仏との交流（アクセス）

正しい信仰はまず神仏と正しく交流（アクセス）しているかどうかが基本になる。無宗教者、無神論者、無仏論者、唯物至上主義者は神仏を否定する立場なので、当然、正しい信仰をしているとはいえない。

②先祖の供養

供養というのは仏教用語であるが、俗にいうならば神仏やご先祖霊とアクセス（交流）する手段ということである。自分がこの世に存在しているのは先祖が存在していたおかげであるから、そのことに感謝することが供養になるのである。先祖を大切にしない人は自分の親も大切にしない人であり、自分も子孫に大切にされない人である。

私は最近、日本人の「相」（オーラや気など内面的なもの）が極端に悪くなってきたように思えてならない。強烈な邪気・毒気を帯びているか、低級霊や動物霊に憑依されているのではないかと思ってしまうほど波動が悪く、魂が抜けたロボット（人造人間）のような気味悪さを覚えてしまうのである。

③自己の魂の供養

自己の魂の供養とは、自己の前世の魂を進化、向上、開発、練磨していくことであり、人間がこの世に生まれてきた以上、自己の前世の魂と自分を守ってくれている守護霊に対して果たさなければならないもっとも重要なことである。

魂は本来、純粋無垢なものであり、仏教的にいえば「誰もが仏性をもっている」ということになる。魂は幽体と肉体をまとっており、幽体は肉体の下に着ている下着のようなものである。したがって業（カルマ）をたくさんもっていれば、それだけ下着が厚くなり重くなるというわけである。この下着をかぎりなく減らしていくことが、この世に生まれてきた目的の一つでもある。

仏教に「六道輪廻《りくどうりんね》」という言葉がある。いわゆる天人界から地獄界まで六つの世界にランクづけされていて、私たちは生まれ変わりの仕組みの中でこれらの世界を行ったり来たりしているというのである。

この仏教理論の中に輪廻転生（リインカーネーション）というものがある。この世に生まれ変わってくるということは、前世でやり残したことや未練や執着があり、完全な悟り、完全な成仏に至っていないからだと言われている。

いまだに輪廻転生の真偽をめぐって議論が絶えないが、「生まれ変わりはほんとうにある。空想の産物ではない」ということを、私はここで断言したいと思う。誰が何と言おうとも輪廻転生は実際にあることなのである。

仏教的にいえば、私たちはみな前世でやり残した宿題をもって生まれ変わってきているわけであるから、その宿題が何であるのか早く気づくことが大切である。前世が何者であるかということは、その人の性癖、好みなどを観ればおおよそわかる。人間のもつ性格や癖は教育や学習で矯正しにくいというのも、その所以《ゆえん》である。

神密力の基本スタイルは、常にこの三つのことをしっかり行なうことであるから、信仰の質と方向をしっかり自覚・認識することが大事である。

神密力の基本スタイル

私はよく信者さんに、「①（神仏との交流）と②（先祖の供養）はわかりますが、③（自己の魂の供養）が必要だということは初めて聞きました」と言われるのであるが、たしかに①と②にくらべて③は忘れがちである。だが③ももちろん大切である。そして、これらの三つのことを同時に行なうということは、お経でも祝詞でも原則として同じものをそれぞれにあげるので、計三回あげなくてはならないということである。

本来は家庭でも三回あげるべきであるが、意外と③の自己能力、魂の進化・向上が見逃されていることが多い。自己の前世に向かって、また自己の守護霊様に向かってお経をあげると前世の方や守護霊様がお喜びになる。するとその人自身の、六十兆個の全身の細胞がピチピチ、いきいきと活気づき、本人も向上するのである。

なぜ同時並行で三回あげることが必要かというと、力学的にみても三者（神仏、先祖、自己）のエネルギーの度合いが違うので、たとえば先祖の強いマイナスエネルギーによる霊障を受けた場合など、自分の力では相手のエネルギーを鎮めることができないからである。

そんなときには、それよりもハイレベルなプラスエネルギーである神仏に「力をお貸しください」とお願いして、その力をお借りし、自分に霊障を与えている霊を除いてもらうようにする。そして霊障を与えている霊に対しては、「不平不満もあるかと思いますが、この辺でどうぞお鎮まりください。そして成仏なさってください」と祈ることも忘れてはならない。

つまり、同時並行で三回あげることでエネルギーが循環的に高まり、相乗効果が得られるようになる。すると無限の力がついてくる。その力こそが「神密力」である。神密力を身につけた人のことを私は「神密人間」と呼んでいる。神密力がつけば、それこそ鬼に金棒、さまざまなマイナスエネルギーをはね除けることができるようになるというわけである。

言うまでもないことだが、神仏にお願いするときは「苦しいときの神仏頼み」であってはならない。見返りばかりを求めていては虫が良すぎるというものである。自分の心の鏡に己を映し出してみて、恥ずかしい自分でないかを常に確かめることが必要である。

自己中心的で目先の損得にとらわれている人や、自己の欲望を満たすためだけの人、心の腐った者が神仏を拝んでも神仏は決してお喜びにならないし、そのような者には力を貸してはくださらないだろう。信仰深い者であるかのように表面だけを繕ってみても神仏はすべてお見通しなのである。まず自らを清め、高めたうえで「一切をおまかせします。よろしくお願いします」と拝むのが礼儀というものである。

常日頃から正しい信仰に励み、神仏と密接に交流しておくこと、これが信仰の本質であり、そうしてこそ初めて神仏は願いを聞き入れてくださるというものである。また、ご利益をいただいたときは、何はさておき「ありがとうございました」と神仏に感謝を忘れないことである。

ご存知のように新聞やテレビは毎日さまざまな事件や事故を報じている。あるいはニュースにならないまでも私たちの周りには大小の事件や事故、トラブルは日常的に起きている。それらは一見、偶然に発生したもののように見えるが、実は当事者に関する因縁によるものが多いのである。

そうした因縁の多くは先祖や縁者によるものであり、その人たちとはなんの関係もないと思われる子孫や周辺の人に災いをもたらす。それが因縁の不思議であり怖いところである。

私のところに来られる方の相談事の中でも因縁にまつわる話は枚挙にいとまがないが、その中からいくつか事例を選んでご紹介しよう。いずれも因縁による災いをもろに受けた人たちの話である。ただし、当事者のプライバシー保護のために名前は伏せ、職業や地名などにも多少の手を加えてある。

因縁の不思議①　祖父の因縁で夜尿症になった少年

最初の話は、母がまだ健在のころのある夏休みに、お母さんに連れられてやってきた小学六年生の男の子のことである。その子は「慢性の夜尿症」だった。相談の内容は、秋に修学旅行があるが、旅館に泊まることを考えると不安でならない。そこで夏休みの間に治せるものなら治したいということであった。

それまでにもいろいろな病院を訪ねたが、どこに行ってもはっきりと「治る」という答えは得られないでいた。そのころ少年が診てもらっていた大学病院の小児科の医師は、「時期がきたら自然に治りますから心配いりません」と言っているというが、秋の修学旅行は目前に迫っているので、そんな悠長なことは言ってはおれなかったのである。

少年が先ほどから鼻をグズグズいわせていることが気になっていた私は、「夜尿症以外にどこか治したいことがありますか」と聞くと、「アレルギー性鼻炎もあるので、それも治るものなら治してほしい」とのことであった。アレルギー性鼻炎の症状は、風邪をひいたときに出る鼻水と違って、いつも鼻の奥に鼻水がつまっていてグズグズとひっきりなしに出てくるのが特徴である。それだけに本人にはきわめて不快である。

「夏休み中に」というタイムリミットがあることから、私としてもできるだけ早く治してあげたいと思い、集中して神霊治療を行なった結果、幸い夜尿症とアレルギー性鼻炎はほぼ完治させることができた。

ところが、それから二、三日して私自身、鼻水が出てきて、彼とまったく同じような症状になってしまった。もしこれがウイルス性の風邪であれば感染ということになるが、アレルギー性鼻炎の場合は体質的なものなので、本来ならば私に感染するはずがない。どう考えてもおかしい。そこで母に相談したところ、

「早く治してあげたいと思って一生懸命やったのでしょう」

と言うのである。母によれば、その子が夜尿症になったこともアレルギー性鼻炎になったことも、すべては因縁によるものだという。私がその因縁を元から断ち切ることをせず、一気に即効薬的に神霊治療をしたために、結果的に彼の因縁を引き受けてしまったのだった。俗に言う、「もらう」という現象である。

後日、あらためてその子を透視してみると、その子のおじいさんの因縁が障害になっていることがわかった。そこで、このことをその子のお母さんに伝えて、これをきっかけにおじいさんの因縁を切ることを薦めなければならなかった。ところが、母にはその子のお母さんがどんな人であるか、すでにわかっていたのである。

「この子のお母さんは、あなたがそのことを伝えても理解するような人ではありません。これ以上関わることは止めましょう」

そう言うが早いか、印契を結んで、「切ります!」と一声あげると、真言を唱えはじめた。

　こうして母は、その子の因縁が霊的に私と関わらないように封印してしまった。それと同時に、それまで続いていた私のアレルギー性鼻炎の症状も一瞬にして消えたのだった。

　ところで、祈祷師や霊能者たちの中には「除霊する」とか「浄霊する」と言って信者さんたちに呪《まじな》いじみたことを行なっている人がいるが、因縁を切るということはそんなに簡単なことではない。なぜなら霊障と呼ばれるさまざまな現象が起こるまでには、それなりのプロセスがあり、複合的・重層的な因縁・縁起があるので、それを一気に取り除くことは容易ではないからである。

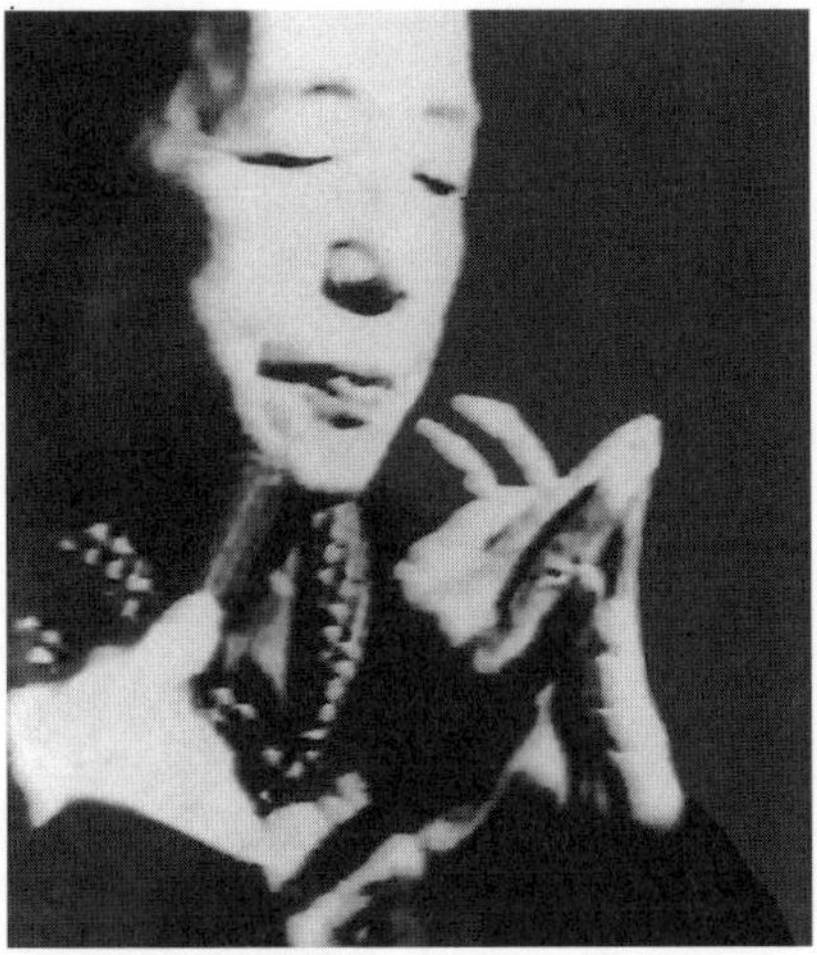
瞑想中の母妙恵師

　慢性の夜尿症とアレルギー性鼻炎という病をもったその男の子は、薬や治療が功を奏していったんは治ったとしても、霊障因縁的な根本治療をしないことには再発する可能性がきわめて高い。

　その子のお母さんが神仏を心から信頼し、正しい信仰を行なっていたならば、母のアドバイスによって、その子の病気がどんな因縁によるものか明らかにすることもできたであろう。因縁が明らかになれば打つ手もあったはずである。

その後まったく音沙汰がないので、その子がどうなったかはわからないが、良くなっていることを願うばかりである。

因縁の不思議② 動物霊の怒りと怨念によって難病になった子供

次の事例は、母の著した『『霊界の秘密』を読みました」といって関西から訪ねて来られた方の話である。その方はOさんという四十代の男性で、地元の会社に勤めていたが、そこを辞めて今は中小企業の所長をやっているということであった。

最初に来られたときは、「特に悩みがあるわけではないが、弘法大師・空海の信仰と真言密教に興味があり、自分も信仰心があるので、そうした話をいろいろ聞きたい」というのが目的であった。

しかし私は、この人には悩みがあると最初から見抜いていた。そこで、「悩みの相談があればおっしゃってください」と言うと、「いや、何もありませんよ」と笑って答えるので、「そうですか」ということで雑談をしていた。

ところが話しているうちに彼の表情がだんだん神妙になってきた。

「実は小学四年生の甥（お姉さんの子供）が奇病なんです」

彼の訪問の目的はこのことの相談にあったのである。だが、どう切り出したらいいものか思案していたらしい。私が信頼の置ける人物かどうか、しばらく試してみてからにしようと考えていたのかもしれない。

「どんな病気なんですか？」

いよいよ本題に入ったなと思いながら私がたずねると、太陽の光を浴びてはいけない病気（色素性乾皮症か？）であるという。

「真言密教の力によって治せるものでしょうか。もしできるのであれば、私が修行してその力をお借りし、甥をこの病から救ってやりたいと思うのです」

彼は自ら修行することによって甥の病気を治してやりたいというのである。

そうだったのか、これが彼が胸中で思っていたことだったのか…。男性の意図することが、そのときやっとわかった。だが、いきなりそのようなことを言われても即答するわけにはいかない。そこで私は、

「それはとても難しいと思います。いまの医学では治療法はないのですか？」

と聞いてみた。すると、いまのところ、これといった治療法はないという。

「とりあえず当事者であるお姉さんからお話をお聞きしましょう。できればご夫婦で、そのお子さんといっしょにこちらに来るように伝えてください」

と言うと、Oさんは「わかりました」と言って帰っていった。

後日、Oさんのお姉さんとその息子さん、それにOさんと彼の実のお父さんの四人で訪ねて来られた。

さっそくOさんのお姉さんに、息子さんの病気について担当医はどういうふうに言っているのか聞いてみたところ、寿命は中学校に上がるころまでだろうと言われたという。

私が拝むと、すぐに因縁が出た。そこでお母さんに、

「この子の病気は非常に強いマイナス波動を感じます。ご主人の実家の近くに大きな山があり、その麓に川が流れているのが見えますが、そのようなところに心あたりがありますか」

と聞くと、確かにそのとおりだという。

「たくさんの動物を殺していますね。心当たりは…」

「はい、亡くなったおじいちゃん（ご主人のお父さん）が長年猟師をやっていました」

「そうですか。動物霊の軍団がご主人の家に来ています。この子がこのような病気になったのは動物霊の作用ですよ」

「先生、信仰の力によって治るでしょうか」

「信仰の力によって不可能が可能になることはあるでしょうけれど、今回の件に関してはその可能性は五パーセントぐらいというしかありません」

「たったの五パーセントなんですか…。その五パーセントを実現するためにはどうしたらいいのでしょうか」

「これから申し上げることを素直に受け入れて、正しい信仰をすることです。できますか」

「この子の病気が治るものなら、してもいいです」

そう言って、その子のお母さんは私にならってとりあえず祭壇の前に座った。だが、すぐに「やはりいまの医学に頼らざるを得ないと思います」と先ほどの決意をひるがえしたのである。

「ああ、そうですか。先ほど私が質問したとき、あなたは神仏の前で、いまの医学ではどうすることもできないとお医者さんから言われたとお答えになりましたね。にもかかわらず、やはり医学に頼るしかないというのであれば、それでもいいんですよ。ところで先ほどお告げの中で、ご主人の実家の者がたくさんの動物を殺しているという霊査が出ましたが、どれぐらい殺しているのでしょうか」

と聞いてみた。すると自分は嫁いできた身だし、結婚して別の町に住んでいるから詳しいことは知らないという。そこでご主人に聞いてみるようにと伝えて、その日は帰っていただいた。

翌日、彼女から電話があり、ご主人に聞いたところ、ざっと数えただけでも何万頭という数だったと知らせてくれた。

「やはり、そうだったのか…」

思わずため息が出てしまった。つまり数十年間にわたって命を奪われた何万頭もの動物たちの恨みや無念の思いが、その家の子孫に難病という形をとって出ていたのである。

このようなことを言うと、信じない人たちは「低俗だ」「迷信だ」といって笑うかもしれないが、冷笑されようと否定されようと事実は事実。その人たちは知らないだけで、こういうことは厳然と存在するのである。

ご主人の実家のお父さんは（つまり、その子の祖父）はすでに亡くなっていて、ご主人の実の兄さんが跡を継いでいたが、高齢の兄夫妻にはまだ子供に恵まれていなかった。ご主人の子供は難病で、しかも一人息子である。このままだと、もしその子が亡くなったら実家の跡継ぎがなくなってしまう。これが因縁というものである。

Oさんのお姉さん（その子のお母さん）がご主人の実家に行き、義兄夫妻にこの話をしたところ、

「広島の訳のわからない拝み屋さんがたわけたことを言うものだ。亡くなったおやじが猟師として一生懸命仕事をしたからこそ、我々は飯を食わせてもらい学校にも行かせてもらったんだ」

と厳しく叱られたという。私はお姉さんには、信仰のこと、動物霊の怨念を解消する方法など、解決の糸口となる方法について事細かく伝えていた。しかし実家の兄さんはそういったことをあまり信じない人物であった。

このような場合、当面どうすればいいかということになるが、まず猟師であったおじいさんによって殺された動物霊の位牌に代わるものを作って最寄りの山の適当な場所に祀り、動物の好むような食べ物を供えて、お詫びの供養し、誠意を見せることである。そして子孫のみんなで夫の実家の仏壇に向かって、おじいさんを含めた先祖代々をしっかり供養することである。

また、仏壇にはご本尊（如来様）とお大師様、そして神棚には神様をお祀りして、加害者に念を送り続ける動物たちに対して、加害者であるおじいさんに代わって心から供養することである。もちろん嫁いできたお姉さんも、ご主人の実家の先祖を供養し、如来様やお大師様、神様の力によって、この動物霊たちを説得してもらうことである。

動物霊のレベルは個々には低級で微弱であるが、数が多くなるとエネルギーも強くなる。そのため少々お詫びをしたくらいでは、なかなかそのエネルギーを鎮めることができないのである。

すでに述べたように正しい信仰とは「神仏との交流」「先祖の供養」「自己の魂の供養」の三つを行なうことであり、これはその一番目と二番目に当たるものである。この二つが信仰の基本であるので、これらを行なったうえで動物霊に対して懺悔と詫びの供養をすることである。

おじいさんに殺された動物霊たちにも当然、親兄弟も子孫もいたはずであるし、現在もその動物たちの家族や子孫らが生きているはずであるから、供養するとなると並大抵のものではない。程度の差こそあれ、動物も人間も血の流れている生き物に変わりない。怨みの念・邪気は同じである。

ちなみに仏教の「十善戒」では、第一番目で「不殺生」を説いている。殺生を行なうということは「十悪業」のうちのトップなのである。

「十善戒」

一、不殺生《ふせっしょう》戒（生きものを殺さない）
二、不偸盗《ふちゅうとう》戒（盗みをしない）
三、不邪淫《ふじゃいん》戒（邪淫をしない）
四、不妄語《ふもうご》戒（嘘や偽りをいわない）
五、不綺語《ふきご》戒（大ぶろしきを広げない）
六、不悪口《ふあっく》戒（人の悪口をいわない）
七、不両舌《ふりょうぜつ》戒（二枚舌を使わない）
八、不慳貪《ふけんどん》戒（貪欲であってはならぬ）
九、不瞋恚《ふしんに》戒（怒らないこと）
十、不邪見《ふじゃけん》戒（間違った考えを持たない）

過去の因縁があって子孫が現代医学ではどうすることもできないような難病・奇病にかかっていることが判明したのであれば、何は差しおいても動物たちの霊を慰めるべきである。

だが、それ以来、ご主人の家族からは何の報告もないので、その後どうなったのかわからない。自分が蒔いた種であればあきらめることもできるかもしれないが、親や祖父母、あるいは先祖が蒔いた種が子孫に降りかかっているとしたら、それは気の毒なことであり、不幸というものである。

この事例の場合の因縁も家族が正しい信仰を行なっていさえすれば、孫に及ぶ前におじいさんのところで食い止めることができたかもしれない。猟を生業《なりわい》としているのであれば、つねづね動物たちに対して申し訳ないという気持ちを抱き、年に一回でも二回でも動物霊の供養をしていればよかったのである。

たとえば漁師さんは港の一角に「魚霊塔」という石碑を建て、神主や僧侶を呼んで魚の霊の供養を盛大に行なっている。ほんとうは殺したくないのだけれども、漁を生業としているので「申し訳ない。許してください」とお詫びをする慰霊祭である。

ましてや血液のたくさんある猪や熊といった四つ足動物を殺して、その肉を食べたり毛皮を売ったりしているわけであるから、ねんごろに供養しなければならなかったのである。ところが信仰心のない人は、そういうことをしない。動物に霊だの魂だのあるはずがないと、彼らの命を軽んじているからである。

しかし宇宙に存在する万象万物、人間も動物も植物も鉱物も、あらゆるものは波動をもなった粒子からできているので根源のところは同じである。一般の人が知らないだけで、霊は宇宙の万象万物に存在しているのである。だから、どんな小さな生きものに対しても、その命を尊ばなければならない。猟師さんや漁師さんのように生活のためにやむを得ず他の生き物の命を奪わなければならない場合は、何はともあれ、まず心から謝り、彼らの霊を供養するべきである。

因縁の不思議③　二人の叔父に暴行された少女

三つめの事例もほんとうに気の毒なものであった

ある日、青白い顔をした二十一歳の未婚の女性が母親に伴われて私のところにやって来た。彼女は「慢性大腸炎」という難病の治療のために大学病院の内科胃腸科に六年間も通院・入院をくりかえして、その日は一時退院の許可を得て来たとのことであった。六年間ということは、逆算すると十六歳のころに発病したことになる。

この病気がやっかいなのは、いくら栄養を摂っても体内には吸収されず、すべて排出されてしまうことである。その間、担当医は幾種類もの薬を投与し、いろいろな治療法を行なってきたが、いずれも大した効果はなかった。

私のところにみえたのは、なかなか完治しないことに業を煮やした本人が、あきらめの気持ちも手伝って一時退院を申し出たときのことであった。ガリガリにやせ、生気に乏しいその姿は、とても二十歳《はたち》そこそこの女性には見えなかった。おそらく藁《わら》をもつかむ思いだったのであろう。

「この病気は治るのでしょうか」

と私にたずねるその声は、か細く力のないものであった。

「取りあえず十回ぐらいは来てみてください」

すべてのことは原因があって結果があるわけだから、まずその原因を解明しないかぎり治しようがない。これまでの経験上の勘から、私は彼女の場合は少なくとも十回ぐらい話を聞く必要があると直感したのだった。

一回目と二回目はカウンセリングをした。が、その時点ではまだ原因がわからなかった。

三回目のときに退行催眠（サイコダイビング）という治療法を用いたところ彼女の因縁が見えてきた。

退行催眠とは催眠術により患者さんの過去に遡って、その人の心に深く傷として残っている出来事を探ることをいう。

過去を遡っていると、中学二年のところで彼女のお母さんの妹の夫（彼女から見れば叔父）の因縁が出てきた。お母さんには妹が二人いて、一人の妹夫婦は彼女の家のすぐ隣に住んでいた。当時お風呂は共有で、いつもその若夫婦が彼女の家にお風呂をもらいにきていた。

退行催眠療法によって中学二年の状態に戻したとき、急に「目がチカチカして痛い」と言い出したのである。お腹が痛いというのであればわかるが、目が痛いとはどういうことなのか。

「どうして目が痛いの？」

と聞くと、

「風呂の天井の電気がまぶしくて目がチカチカする」

と、依然トランス状態のままで答えた。さらに私が、

「いまお風呂に入っているの？　そばに誰かいるの？」

とたずねると、叔父さんがいるというのである。私と少女のやりとりをそばで見ていたお母さんが軽い驚きの声をあげた。

「どこのおじさんですか？」

「隣の○○叔父さん」

それを聞いてお母さんの顔がみるみる青ざめた。

「お母さん、これはどういうことでしょうか」

私の質問にも答えず、お母さんはワッと泣き出し、娘に向かって、

「ごめん、ごめんなさい！」

と詫びるばかりであった。そして哀願するように、

「少しも知らなかったの。ごめんなさい、ごめんなさい」

とその場に泣き伏した。彼女はトランス状態だったので、私の言葉しか聞こえず、お母さんの声は届いていない。

彼女は入浴中にその叔父さんから性的暴行を受けたのである。そのときの状態が、「目がチカチカする」「目が痛い」、「電気がまぶしい」といった屈折した表現で語られたのだっ

た。

その叔父さんとは小学生のころからいっしょにお風呂に入っていたので、その習慣が中学生になっても続いていたものと思われる。その日、両親はいつものように居間でテレビを見ていて気づかなかったのである。

初めて犯された日の翌日も、またその翌日も、毎日のように叔父さんがやって来ていっしょにお風呂に入った。そんなことが五、六回続いたという。

「二回目から、なぜ拒否しなかったの？　叔父さんとは入らないって…」

「それが、できなかったんです。絶対親に言うなときつく口どめされたので…」

七回目の時であった。叔父さんが何くわぬ顔をしてお風呂に入りに来たとき、彼女は意を決して、「今日はいっしょに入らない」と拒んだ。するとお母さんが、「どうしたの、いつも叔父さんと入っているのに、変ね」と笑ったが、それ以後は頑としていっしょに入らなかったという。

「そんなことがあったとは夢にも思わなかったわ。知らなかったとはいえ、私が悪かった。ごめんなさい。ほんとうにごめんなさい」

お母さんは泣きながら何度も何度も詫びるのであった。女性は自分がこんなに辛く苦しい思いをしているのに親は何もわかってくれていないという思いがトラウマ（心の傷）となって心の奥深くに刻み込まれ、それが慢性大腸炎のきっかけになっていたのである。

これを医学的にいうと、「異常体験によって引き起こされた強度のストレスにより、本来正常にはたらかなければならない内分泌系・免疫系・ホルモン系の三つの重要な作用がアンバランスになってしまい、その結果、慢性大腸炎を引き起こした」ということである。

いつもガリガリにやせていたのは、この病気の典型的な症状である慢性的な下痢のために食べ物をいくら食べても身につかなかったからである。

このような事例の場合、何よりもまず原因を突き止めて、それを断たないことには、いくら薬を与えても治る見込みはまずない。だが、大学病院の担当医はそのことを見抜けなかった。もっとも西洋医学の医師にそこまで期待するのは無理かもしれないが…。

トラウマは根が深いので一度や二度のカウンセリングや神霊治療で消すことは不可能なため、私は少なくとも十回ぐらいを目安としている。この女性の場合は三回目のときに原因が判明したのは幸いであった。

さて、残りの七回はトラウマを解消するために当てたのであるが、一口にトラウマを解消するといっても、これは非常にむずかしい作業である。このような場合、私は通常、患者さんには次のようにイメージするようにと導きながら解消していく。

「あなたにとって非常に辛い体験かもしれないが、すべて過去のことです。今あなたの心の中に巨大な岩のようなものがのしかかっていると想像してください。でも、その岩は時間の経過とともにだんだん小さくなり、小石のようになっていきます。そうです、足で蹴飛ばせば吹っ飛んでしまうぐらいの大きさになるのです。そして、しまいには砂のようになっていきます」

このようにイメージさせて、心にのしかかっている重圧を段階的に軽減していくのである。そして次に、「人間、生きているあいだには誰にも多かれ少なかれ辛いことや苦しいことはあるものです。決してあなただけではない。それを乗り越えて少しでも前向きに生きていこうとするのが人生であり、だからこそ生きていることはすばらしいのです」と、辛い出来事は自分だけのものではないことに気づかせる。そうすることで人の心はずっと楽になるものである。

ただし、こうしたことは顕在意識に訴えても効果がないので潜在意識にはたらきかけなければならない。というのは、顕在意識は表面意識ともいうように表面的なものなので、私が話すことを理論としては納得できるかもしれないが、潜在意識のほうは納得しないのである。そのため潜在意識が納得するまで説得する必要がある。

五回、六回と根気強く説得していくうちに、食べても下痢をしなくなってきた。そして少しずつではあるが、ふっくらと肉もついてきて血色もよくなってきたのだった。

回復の兆しが見えてきて、自分の健康にいくぶん自信がもてるようになったのだろうか、七回目のときに彼女は意を決したように私にたずねた。

「先生、私ずっと生理がないのですが、これも治るでしょうか」

「まあ、ちょっと待ってください。あなたは慢性大腸炎の治療に来られたのだから、これを先に治しましょう。どちらも自律神経系の異常からきているので、こちらが回復すれば生理のほうも正常になりますよ」

実は彼女は十八歳のころから生理が止まったままだった。慢性大腸炎で入院中に隣の病棟の婦人科でホルモン注射を打ってもらったりしていたが、まったく効果がなかったという。

トラウマの根が深いことを知った私は、再び彼女に退行催眠を試みてみた。すると、さらにショッキングなことがわかった。

高校三年生のある日の夜、自宅の二階で大学の受験勉強をしていたときのことである。

その日はたまたま両親が出かけていて留守だった。そこにお母さんのもう一人別の妹の夫が久しぶりに訪ねてきた。

「きょうはお父さんもお母さんもいないんですよ」

彼女が二階の窓から顔を出して両親の留守を告げると、

「ちょっと上がらせてくれ」

と言って、その叔父はヅカヅカと上がりこみ、二階の彼女の勉強部屋に入ってきた。そして商売に失敗したこと、お金に困っていること、それがもとで夫婦間のいさかいが絶えないことなど、長々と自分の抱えている悩みを話しはじめた。

高校生とはいえ、まだ子供のように純真だった彼女は、大人の男性が一人きりの部屋に入ってきたことに対して、さしたる警戒心も抱かず、「叔父さんもたいへんだね。気の毒に…」などと相槌を打ちながら聞いていた。

しばらくして叔父は何を思ったのか急に黙りこみ、いきなり彼女に襲いかかってきた。彼女は一瞬、何が起きたのかわからなかったが、また性的暴行を受けたのだった。

七回目のときの退行催眠中に、そのことが本人の口から出てきたのである。生理が止まったきっかけはそこにあった。

この女性の例からもわかるように、人間の肉体は心が支配しているので、程度の差こそあれ、ストレスによって本来もっている内分泌系・免疫系・ホルモン系が狂ってくることがある。その結果、何らかの病気の発症を誘発することになるのである。

一度ならず二度までも身内の叔父たちに犯されるという異常な体験は、もちろんこの女性の因縁であり、親の因縁でもある。その因縁がなんであったのか、ここでは言及を差し控えるが、原因が因縁によるものであるかぎり、それを解消しないかぎり病気の回復はまず望めない。

いずれにせよ、この女性の二人の叔父は色情の因縁か犯罪的な因縁といったマイナスの因をもっており、彼女自身もそれを引き寄せる因縁をもっていた。そうした因と因が縁によって結び合い、このような悲惨な結果になったわけである。

ふだんから正しい信仰をしていれば、そういうマイナスの因をもった人との縁は現象として現われることなく消すことができる。また、必然的に心が平穏になり内分泌系も免疫系もホルモン系も正常になって、因縁さえも断ち切ることが可能になるのである。

彼女は通算十四回ほど私のもとに足を運んで、ようやく完治した。そしてそれから約一年後のこと、お母さんから電話があり、良縁に恵まれて結婚することになったという。「先生のおかげです」と何度も礼を述べるお母さんの声は涙声になっていた。私もそれを聞いてとても感動し、うれしく思ったのだった。

後日談になるが、お母さんの二人の妹はそのことが原因でそれぞれ離婚したという。

悪い因縁をつくってはならない

私は人間にとって「生まれ方」「生き方」「死に方」「あの世での過ごし方」、この四つが何より大切だと思っている。これらは単独であるのではなく、常に連動・循環しているので、この世でもあの世でも悪い因縁をつくらないことが大切である。悪い因縁をつくると、それはそのまま次の世に持ち越し、すでに述べたように子孫にまで悪い影響を及ぼすことになるからである。

悪い因縁をつくるまいと思っていても、人は自分では気がつかないうちに悪い因縁をつくっていることがある。そのことで思い出すことがある。それは母の代からの古い信者さんのことである。

あるときその信者さんが実姉の息子さん（彼女の甥に当たる人）のことで相談にみえた

ことがあった。その息子さんが、ときどき彼女の留守中にやって来てはこっそり家に上がりこみ、タンスにしまってある通帳などを物色するので困っているというのである。

「ほんとうですか。失礼ですが、あなたの勘違いではないですか?」

と私はあらためて聞きただした。というのは、彼女はすでに七十歳前後だったので、もしかしたら老人ボケか被害妄想でそう思い込んでいるのかもしれないと思ったからだ。

「いや、ほんとうです。去年だけでも何回もあったのです」

「そんなことが度々あるのでしたら、通帳や貴重品の入ったタンスに鍵をかけたらどうですか。それよりもまず本人にはっきり注意してみてはどうですか」

「以前、本人に注意して大げんかになったことがあるんです。俺を犯人扱いするんかと…」

「じゃあ、証拠を押さえなさい。誰か信頼のおける元気のいい人に来てもらって現場を押さえるんです。証拠がなければ、どうにもなりませんから…」

彼女と私はしばらくこんなやり取りをしていた。

ところが何を思ったのか、彼女が急にこの件とは関係のない愚痴をこぼしはじめたのである。母の代からよくここにみえているが、彼女が愚痴をこぼしたのは初めてであった。

「あ〜あ、生きていても何もいいことはない。私はこの世に生まれてきたくはなかったんです。私を生んだ親を恨んでいます」

「ちょ、ちょっと待ってください。今なんと言いましたか。あなたは七十歳近くにもなって、まだそんなことを言っているのですか。どうして親に恨みごとなんか言うのですか。親に対してそんな暴言を吐く若い人がいるのは知っていますが、あなたの年になってそんな言い方をしてはいけません。ほんとうはあなた自身の魂があなたの親を選んで生まれてきているのですよ」

　話しているうちに私としては珍しく言葉に力が入ってしまった。すると彼女はハッとしたような顔をして言った。

「先生、そうなんですか。初めて聞きました」

「そうです、自分の意思で生まれてきているのですから、勝手に生みやがってなどと不平を言うのはお門違いというものです」

「わかりました。私はとんでもないことを言ってしまいました」

　彼女はなにか感じるものがあったらしく、素直に自分の間違いを認めた。

　よく若い人などが、ストレスがたまって憤懣をぶちまけるとき、まず親を八当たりの対象として、「なぜ生んだんだ」「生まれてきたくなかったんだ」といった暴言を吐くことがあるが、それはとんでもない間違いである。なぜならば、その親を選んだのは自分であり、自分の意思で生まれてきているからである。人はそんな大事なことにも気がつかず、いたずらに悪い因縁をつくるべきではない。親には自分を生んで育ててくれたことに感謝こそすれ、恨み言や非難めいたことを決して言うべきではない。

「七十歳にもなって初めてこんな大事なことを知りました。ありがとうございました」

そう言い残して、彼女は晴れやかな顔をして帰って行った。

人間はあの世で宿題をつくり、その宿題をもってこの世に生まれてくるので、「生まれ方」や「今生の生き方」を見れば、その人の宿題は何なのかが大体わかるというものである。一人ひとりが自分の宿題がわかれば、生き方も違ってくるはずである。

自分の宿題を認識できるようになるためにも、理想をいえば子供たちが物心つくころから、家庭で「父母や祖父母に感謝すること」「先祖を敬うこと」などを日常的に言葉で伝えたり、あるいはこうした教育を幼稚園や学校でも行なうべきである。そうすれば親や先祖に対して感謝の念が自然に身につくようになると思われるが、残念ながら現実にはいろいろな制約があって困難である。困ったことに、教師はともかく、子をもつ親のほうにそのような自覚がないのである。

人はすべての物の道理を「宇宙の真理」から学び取っていくものであるが、オウム事件以後、社会全体が宗教色を忌み嫌うようになり、物の道理さえも否定するような風潮になってきた。これでは教育現場でのいじめや学級崩壊、さらには青少年の犯罪を増やすことにはなっても減らすことはできない。

社会や学校が宗教を否定する風潮にあるのならば、せめて家庭で教えなければならないが、戦後五十数年もの間、日本人は心の教育・魂の教育をされてこなかった結果、残念ながら物の道理とはいったい何なのか親たちにもわからなくなってしまっている。

悪い因縁話の事例をいくつかあげて説明してきたが、そうした因縁を完全に切るためには、もつれた糸をほどいていくように、当事者が心から反省し、霊に対して誠意を見せることが何より大切である。当然、そこには日ごろからの正しい信仰が必要になってくる。

祈祷師や霊能者でなくても、世間には整体師や針灸師として看板を出して治療に当たっている人も多い。その人たちの共通した悩みは患者さんたちから悪い因縁をもらうことである。それを避けるために神棚を祀ったり、仏様を拝んだりなど、陰で信仰している人が多いようである。それをしていないとミイラ取りがミイラになってしまい、医者の不養生と同じように、治療者である自分がいつの間にか病気になってしまうからである。

こういう話を聞くたびに、母がいつも私に言っていた次のような言葉が思い出される。
「人の悩みを親身になって聞いてあげ、なんとか解決してあげようとすることはいいことだけど、これは常に力関係ですから、相談を受ける側である自分が修行をし、霊格の向上に励まなければ身がもちません。命を取られることになります」

相談事に耳を傾け、その人を悩みや苦しみから救ってあげようとする立場の人間はしっかりと正しい信仰に立ち、自分を律する強い心がなければ決して務まるものではない。

そう言う私自身はどうなのか? これは常に私が私に突きつけている問いかけである。自分の置かれた立場を考え、神仏の前に恥ずかしい自分でないかどうかを常に反省し、我が身を引き締めているところである。

幸いにもこの三十年間、私は病気らしい病気を一度もしたことがなく、医者にかかったこともない。そういうわけで保険証を使う機会もないことから、毎年、市役所の保険課からはご褒美の粗品が送られてきている。健康でいられること自体、ほんとうにありがたいことだと神仏に感謝しているところである。

宇宙の真理を象徴的に表現する「印契」

ところで「因縁の不思議①」のところで「母は印契を結んで、『切ります！』と一声あげると…」というくだりがあったが、「印契とはなんだろう」と思われた読者もいるかもしれない。そこで、ここで「印契（ムドラー）」について少し触れておきたいと思う。

印契（「印」ともいう）というのは真言密教でいう三密加持の修法の一つで、指で形をつくるものであるが、その形もさまざまで、その一つひとつが物事の様相をあらわしており深い意味がある。いうなれば印契は宇宙そのものである大日如来の身体の暗号なのである。印契の種類・内容によっては人前でむやみに開示してはならないものもある。

指で形をつくって、ある意味をあらわすのは、ふだん私たちもよく行なうことである。たとえば小指を立てると女性や恋人（女性）を指し、親指を立てるとご主人や恋人（男性）をあらわすことは周知のとおりである。

宇宙は不断に活動し、作用しあっているが、そのはたらきを物質的側面（身密《しんみつ》）、波動的側面（口密《くみつ》）、精神的側面（意密《いみつ》）の三方向から分析したものを「三密」という。三密（身

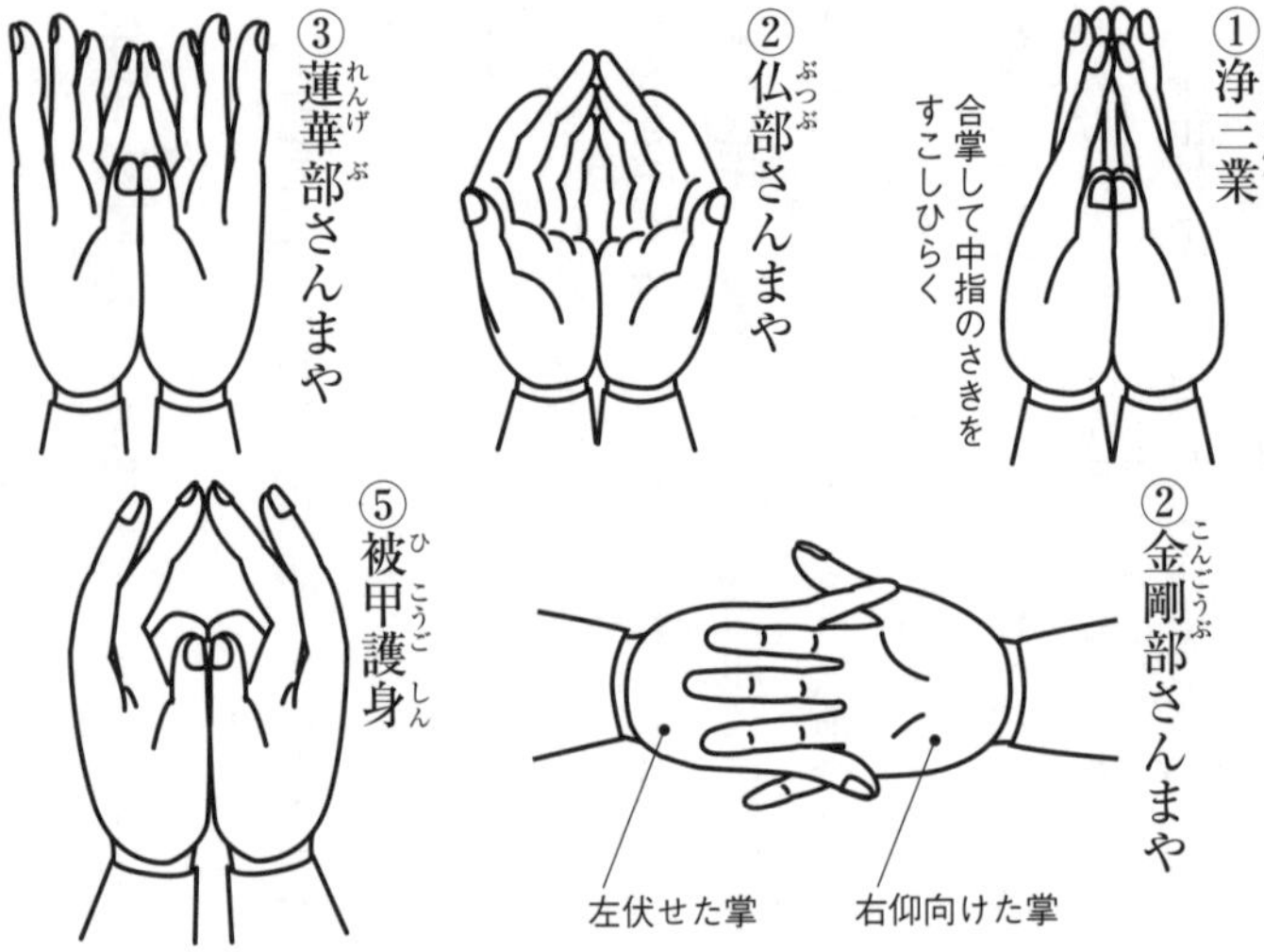

①浄三業《じょうさんごう》
合掌して中指のさきをすこしひらく
②仏部《ぶつぶ》さんまや
③蓮華部《れんげぶ》さんまや
②金剛部《こんごうぶ》さんまや

⑤被甲護身《ひこうごしん》

密・口密・意密）のことを簡単に「身《しん》・口《く》・意《い》」ということがある。それぞれについて簡単に説明しておこう。

●身密

身密（物質的側面）は宇宙の活動そのものをあらわす。この活動は大日如来の身体的活動の作用から発しており、宇宙のすみずみまで漏れることなく染《し》みこんでいる。したがって、修行者はその動きそのものを極度に象徴化された手の動きによって表現することができる。これが「印」または「印契」と呼ばれるものである。印契はいわば宇宙の〝身ぶり手ぶり〟を体現することである。

●口密

口密（波動的側面）とは言語・声音《しょうおん》の作用

のことで、万物はこの作用によって形成される。ただし声音は単なるエネルギーではなく、そこには声音を発する絶対者（大日如来）の意志が介在する。

音声を宇宙に向けて放射した大日如来の行ないそのものが「慈悲」であるが、慈悲をもって声音を発したのではなく、発したことそれ自体が慈悲のあらわれなのである。

と同時に、声音にはもともと「意味」という作用が備わっており、それは大日如来がその智慧を大宇宙に向けて放射したことと等しい。そして波動的エネルギーと慈悲が備わっているので、修行者は口に真言《マントラ》を唱えることで大日如来の化身と化すことができる。

真言の波動的エネルギーが修行者の呪力の源となり、真言の慈悲が彼に菩薩行を行じさせ、真言の智慧が彼の心の宝蔵《ほうぞう》を開くのである。これが「口密」の秘儀ということになる。

❼意密

意密（精神的側面）とは偉大なる調和や秩序を成り立たせている法則のはたらきをいう。それは「理」とも「法」とも呼ばれ、人間でいえばもっとも深いレベルの意識がこれに当たる。今日の通俗的な理解では「霊」と呼ばれるものである。

仏教（顕教）では霊という常住の実態は認めていないが、密教行者は、この意密を成就するために深い瞑想に分け入り、大日如来の智慧そのものと合体しようとする。大宇宙はこの身・口・意の三密によって作用しあい活動しているが、それと同じ営みを行者は実践するのである。彼らが手に印契を結び、口に真言を唱え、意識を瞑想の境に運ぶのは、まさに宇宙の営みの大いなる〝学び〟なのである。

ちなみに人間にも身・口・意がある。が、人間の場合は三密とはいわず「三業」という。三業はいわばマイナスの三密といえる。人間の場合はこの三つが一体化せず、バラバラの行動をとってしまうために煩悩が生まれ、それゆえに苦しむのである。

自在に印契を組むことができた妙恵師

お大師様は『即身成仏義』という著書の中で、「三密加持すれば即座に成仏する」と述べている。人間の三業が仏の三密と同体化したとき初めて即身成仏できると言っておられるのである。

三密加持の「加持」とは仏と衆生が一つになりうる世界のことをいう。加持の「加」とは大日如来の慈悲のはたらき、「持」とは人の信心する心という意味である。

印契はこの三密加持の修法の一つで、具体的には手に印を結び、口に真言を唱え、心は三摩地《さんまじ》、つまり仏と同じ心でいることが条件とされている。母がお告げをいただくときは、常にこのスタイルをとっていた。

印契は真言密教の重要な修法の一つであるから、真言宗のお坊さんなら基本的な印契は必ずマスターしなければならない。そこで真言宗のお坊さんたちは入門当初から師匠につき、テキストを見ながらいっしょうけんめい覚えていくのであるが、母は真言宗のお坊さんも知らないような難しい印契でもスイスイと簡単に組むことができたのである。

「私は拝んでいると自然に（印契が）出てくるの。お大師様から直接教えてもらっているのです」

と常々言っていたが、どうして母がそんなことができるのか不思議としか言いようがない。これには真言宗の僧侶である父も舌を巻いていたほどである。

母によれば、お告げの場合はビジュアルに見えたり聞こえたりするが、印契はお告げと同じように自然に出てくる。しかしビジュアルではなく、形となってストレートに出てくるという。そこがお告げと印契の大きな違いである。

その昔、お大師様は印契を学問的に勉強されたのであろうか。それとも母と同じように

「ひらめき（これを神秘直観という）」で、つまり宇宙の波動を大日如来様からじきじきに受けて組んでおられたのであろうか。おそらくその両方であったことだろう。

母は、印契はもとより、お大師様の教えについても勉強して頭で覚えたのではなく、修行によって自然に身につけていた。拝んでいるとスイスイと印契が出てくるし、お大師様の大切な教えも、あたかも記憶の宝箱から取り出すように自在に取り出すことができた。

このようなこと一つを見ても、母は前世の大神杜女のときも、こういうことをやっていたものと思われる。また今世においては、お大師様が守護霊として見守ってくれていたのではないだろうか。そのように考えないことには、印契の組み方について勉強したこともない母に、こんな〝離れ業〟ができることの説明がつかないのである。

世の中には「私は釈迦の生まれ変わりだ」「弘法大師・空海の生まれ変わりだ」などとうそぶく人は多いが、そういう人は印契ひとつをとってみても母のように、臨機応変、スラスラと組めるのだろうか。

おそらく彼らはお釈迦さまやお大師様を崇拝するあまり、強い願望がやがて思い込みとなって自己投影をしてしまったのかもしれない。だが、生まれ変わりと自称するからには整合性、客観性、論拠などがなければならない。そして、そのうえできちんとした裏づけを示さなければならない。

母の場合、いま振り返ってみてもほんとうに不思議でならないが、相談者に頼まれて拝んでいるうちに相談事の内容に応じた印契が自然に出てくるのである。

通常、相談者の方がお告げをいただくときには、母は「お大師様からこういうお告げが出ています」と言って、出てきた印契を読み解いてわかりやすく説明してあげていたが、私に対しては少し違っていた。

私自身は自分の個人的なことで母に拝んでもらうことはほとんどなかったが、人生のことや仕事のことなどで重要な決定をしなければならないときは相談して拝んでもらっていた。

そんなとき母は、出てきた印契をそのまま見せながら、「これが答えだ。わかるか」と、まず私自身が自分の頭で考えるように仕向け、決して初めから答えを教えようとはしなかった。

私なりにあれこれ考えても、どうしてもわからなくて、「わかりません」と言うと、「これがわからんのか」と少しじれったそうに言いながら、「これはね…」とていねいに説明してくれたのだった。

出てきた印契の意味を自分で考えるように仕向けられたということで、真っ先に思い出すことがある。それは私がまだ塾経営をしていたときのことである。

そのころは広島市祇園町というところに住まいがあり、そこを本部として市内に教室を四カ所もっていた。四つとも順調にいっていたので、この際もう一教室増やしたいと思い、あちこち探してようやく、あるビルの空き部屋を見つけた。その周辺の学区の生徒も私の教室に通ってきていたので、この辺に教室を設けると流行るのではないかと思い、重要な問題でもあることから母に相談して拝んでもらった。

母はいつものように祭壇の前に正座し、しばらく拝んだのち、出てきた印契を私に示して見せた。それはちょうど扇のような形をしていた。

「だめですね」

「どうしてですか?」

「その理由は、あなたは院長であり経営者であり、また英語の講師として毎日車で飛び回っているために、一つの体ですべてのことをこなすのは時間的にも物理的にも限界があるからです。いいですか、扇の要は祇園町の本部（自宅）を示しています。ここを起点に弧を描いた地域が限界で、ここを出てしまったらたいへんなことになります」

そのビルのあるところは弧の外に位置していた。たしかに母の言うとおりであった。そのビルで教室を開くのを断念したのは言うまでもない。

もう一つ塾のことで拝んでもらったことがある。それは教室にパソコンを導入すべきかどうかについての相談であった。

今でこそ学校や塾など教育現場にはパソコンが入っているのは当たり前のようになっているが、当時はまだ出はじめの珍しい時期であった。売り込みにきたセールスマンの巧みな説得につい引き込まれ、母に相談したときは仮契約まで済ませていた。それでも私の中に一抹の不安があったので拝んでもらったのである。

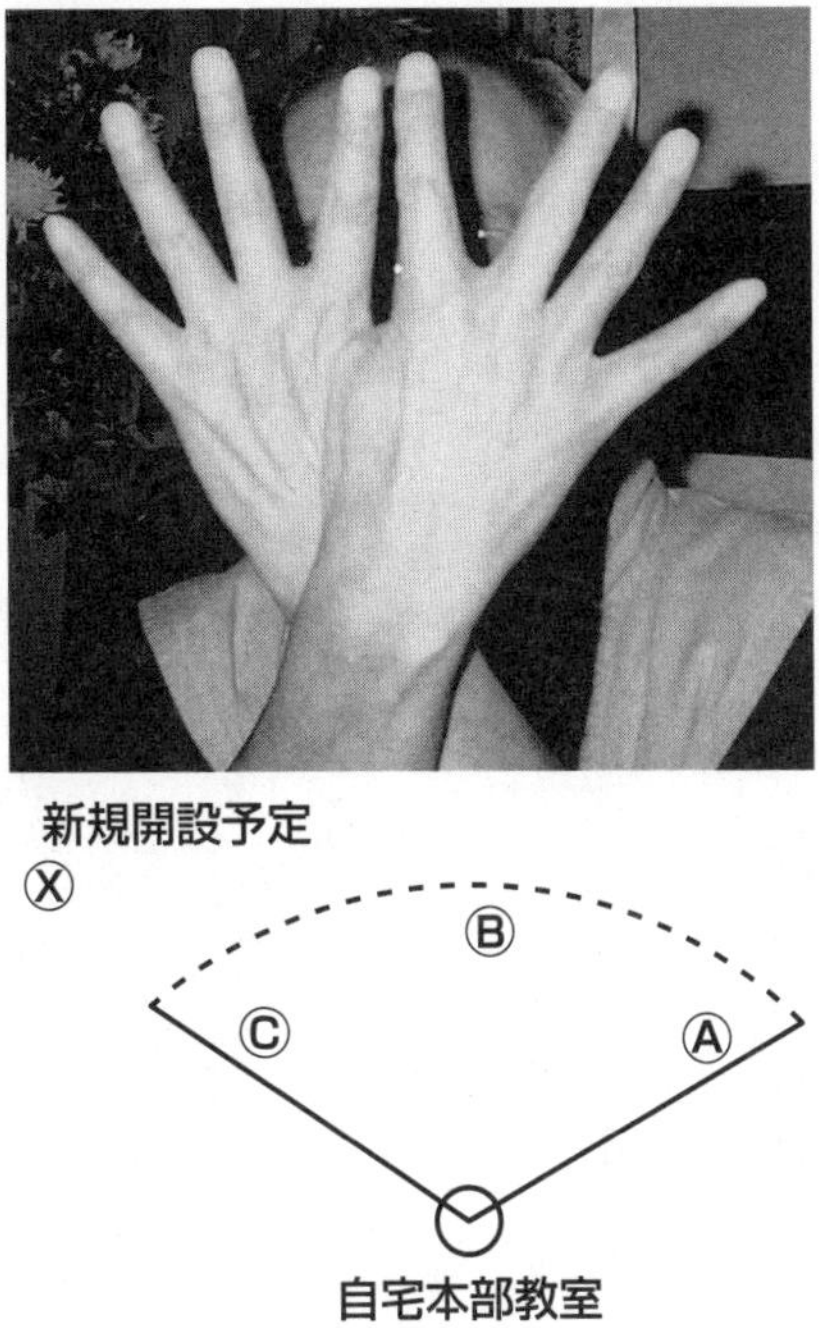

扇の印契（写真）とその位置（図）

さっそく印契が出た。今度は前回の扇の形とは異なり、かなり複雑な形をしていた。

「だめですね。ここにちゃんと意味が出ています。ほら、これです」

印契を組んだ指先を動かしながら母は私に言った。「これです」と言われても私にはさっぱりわからない。

「なんですか、それは?」

「わからないの、これが…」

すぐに意味を理解できない私に少々じれったそうであったが、母はすぐにやさしい表情になって説明してくれた。

「いいですか、あなたの経営する塾はふつうの塾であって、パソコン教室ではない。パソコンを導入すれば、子供たちはパソコンに付いているゲームに興じて当初は喜ぶかもしれない。しかしこの左手の小指、つまり子供が家に帰って、この右手の人差し指、つまり母親に話し、その話を今度は母親が、ほら、この右手の親指の父親に話す。そして二人で協議し、『うちの子はそういう目的であの塾に行かせているんじゃない。ちゃんと先生がついてマンツーマンで教えてもらうために行かせているのだ』といったような結論になり、親たちからの批判が出てくる」

母の説明を聞きながら、私は驚きの目を見張っていた。母の印契にはそこまで詳しい意味が出ていたのである。

というわけで、このパソコン導入の話はそれで打ち切りになったことは言うまでもない。このとき母が示してくれた印契は私の相談事のためのものであって、真言密教共通のお大師様直伝のものではない。真言密教のお坊さんがもしこの写真を見られたら、「なんと低俗な。そんなものは印契のうちに入らんよ」と言われるかもしれない。

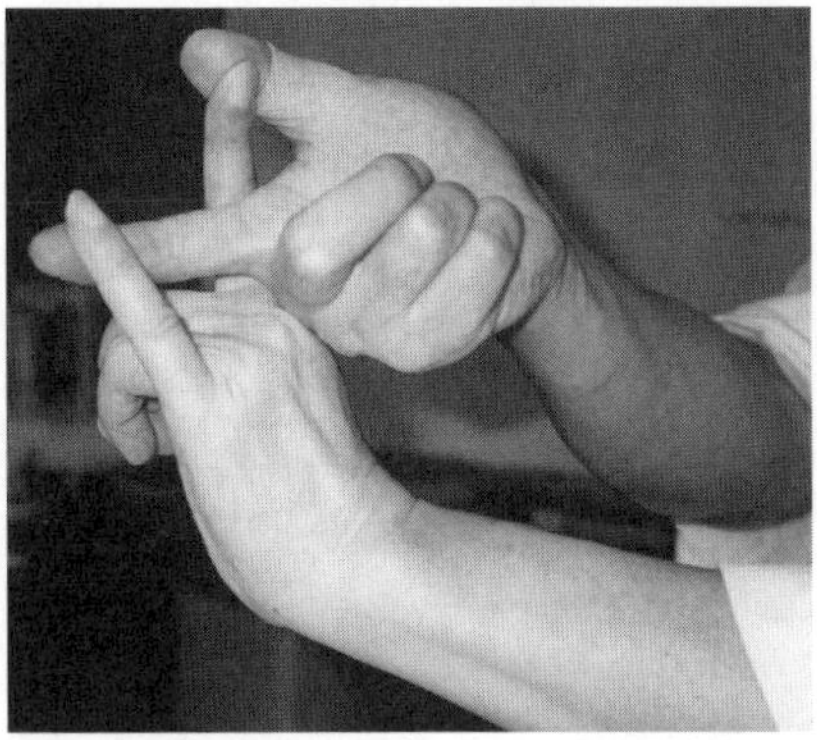
複雑な印契

だが、ほんとうにそうだろうか。母は正式な印契もすべてストレートで結べたうえでいくらでも応用ができたのである。これには真言宗の僧侶である父もびっくりして、「おまえ、いつどこで覚えたのだ」と驚いていたが、母は「お大師様に教えていただきました」と答えるばかり。母にしてみれば、実際にそのとおりだったので、そう答えるしかなかったのであろう。

もちろん真言密教の印契にはお大師様が伝えた基本があって、真言宗のお坊さんならばそれをマスターしなければならない。そのうえで、あらゆる事態に即した応用ができてしかるべきである。本来、印契というものはそのようなものであったのではないかと思うが、その印契をあらゆる事態に即して自在に応用できるお坊さんが、現在の仏教界にはたして何人いるだろうか。

第三章　あなたも神密人間になれる

長寿とエントロピーの関係

私は信者さんたちの前で、「百五十歳まで生きるつもりです」というような話をすることがよくある。最初は笑って聞いていた信者さんたちも、なぜ私がそんなことを平然と言ってのけることができるのか、その根拠をエントロピー（宇宙の絶対的法則の作用）の法則に基づいてわかりやすく説いてあげると、最近では真顔で聞いてくれるようになった。

エントロピーとは「ある系の無秩序の度合いを表わす物理的量」のことである。したがって、完全な秩序状態ではエントロピーはゼロになる。エントロピーは「複雑さ、わからなさ、でたらめさ、あいまいさ」などで表わすことができ、これらが増えるとエントロピーは増大するのである。

機械、機器、組織、団体、家庭、社会、国家、文明といったものは人間が創り出したものであるから、それらを扱う（管理、制御、コントロールする）人間の精神のありようが反映し、その寿命が決まってくる。人間という器（肉体）もしかりである。

ゆえに神密人間にとって不可欠な条件は、とりもなおさずエントロピーを極力小さくする生き方である。人間にとってエントロピーとは、四十歳を迎えたとき、五十代以上に見えるか、三十代以下に見えるかということである。

「エントロピーの法則」とは何か?

エントロピーの話が出たついでに、ここで「エントロピーの法則」について簡単に説明しておこう。

この法則については高校の科学の教科書にも登場することはあるが、教科書の半ページにも満たないほどの分量で、ごく簡単にやり過ごされているのが実情のようである。

ここではもう少し詳しく解説することにしよう。少しばかり難解な理論のように思われるかもしれないが、ひとたび解ってしまえば、これほど簡単な理論はないと思う。それよりも何よりも、この理論は個人にとっても、家族、地域社会、国家、ひいては地球レベルにいたるまで、たいへん重要なテーマなので、どうか最後までお付き合い願いたい。

エントロピーの法則とは、「熱力学の第二法則」のことをいう。私たちの身の回りに存在する形ある物質すべてが、地球という系の環境下（空間軸）では一定の時間（時間軸）の

経過とともに酸化還元反応を起こし、

①秩序ある状態（物）から無秩序（混乱・混沌・雑然）に、

②使用可能な状態（物）から使用不可能な状態（物）に変化（酸化・劣化）する（例…腐った人間の身体・食べもの・飲料水など）。また、

③利用可能な状態（物）から利用不可能な状態（物）に変化（酸化・劣化）する（例…耐用年数のきれた電化製品・廃車同然のポンコツ車など）。

もうお解りだろう。つまり我々人間を含むすべての生物、動物、植物、また金属、鉱物までもが、この世に誕生した瞬間からエントロピー増大の洗礼（影響）を受けるのである。すなわち、仏教でいうところの諸行無常である。人間にとっては四苦八苦の四苦である。四苦とは生老病死の四つの苦しみのことである。

鉄は錆びて、いずれ酸化鉄になり土に還る。容器に溜めた水は、いずれ腐り、ウイルスやバイ菌が繁殖し、ボウフラが湧き、毒水（死に水）になる。生肉、鮮魚、果物、野菜などを放置しておくと、いずれ腐って食べられなくなる（冷蔵庫に入れておくと多少長持ちするが、いずれは腐敗する）。また、貪嗔癡《とんじんち》が極度に強い人間は血液が酸化し、濁り、皮膚や内臓が劣化し、老化が早まり、病気やケガ、トラブルが増える。

以上、具体例をあげれば枚挙にいとまがないが、これらすべてがエントロピーの加速・増大のもたらす一経過、一結果なのである。エントロピーが加速・増大すると、すべての物質が酸化・劣化してエネルギー準位が低下に向うのである（最終的には死、分子崩壊にいたる）。

我々、意識をもつ人間を例にあげていうならば、もっとも好ましくない四苦（エントロピー状態）は次のような順になる。

①自殺、他殺による死（重傷、重体を含む）

②交通事故、テロ、戦争などによる死（重傷、重体を含む）

以上はエントロピーの瞬間的増大、極限状態。

③平均実年齢より早い成人病、老化、糖尿病、ガン、早死

健全な生活、幸せな人生を過ごしたいと願う人間であれば、これら三点はできるだけ避けたいものである。

我々が「神密人間」（このあと詳述）に近づけば近づくほど肉体細胞（分子構造）がどんどん高エネルギーへと押し上げられ、エネルギー準位の高い肉体細胞（分子構造）が生成

される。つまり、神密人間は構造電子レベルでの反応が中心となり、エントロピーの法則が逆にはたらくので、それによって細胞はどんどん甦り、生体エネルギーの飛躍的な増進が可能となるわけである。これが心身魂の健康の秘訣、長寿の基本である。

最後になったが、エントロピーの法則にのっとって避けて通れない最も重大な課題がある。それは我々の生命圏である地球が日増しに病んでいるという大問題点である。このままでいくとエントロピー理論でいう「地球の死」となってしまう。

これは極論でも脅しでもない、現実なのである。その元凶は人類が化石燃料（石油）と核兵器・核燃料をエネルギー転換に利用してきたことに起因する。石油や核燃料は使用すればするほど、消費すればするほど同時並行してエントロピーの数値が高まっていくからである。

今、地球という系の中では加速度的にエントロピアン（業の深い人、CO_2、産廃、公害、汚染物質など）が増加している。まことに憂慮すべき状況である。

自然の物質（水や樹木など）は循環、再生、回帰の機能をもっているが、石油をエネルギー化したあとはガスしか残らない。ガスを集積して元の石油に戻すことは不可能ということである。

さて、順序が逆になってしまったが、熱力学の第二法則であるエントロピーの法則を述べたからには、「熱力学の第一法則」についてもごく簡単に触れておかねばなるまい。

熱力学の第一法則とは、「宇宙における全エネルギーの総和は一定で、決して創世したり消滅するようなことはない。また物質が変化するのは、その姿、形態だけであり、その本質が変わることはない」というもので、別名、「エネルギー保存の法則」、あるいは「質量不変の法則」とも言う。

仏教の般若心経の中で「宇宙は不生不滅」「不増不減」と説かれているが、実はこの法則のことを指しているのである。

エントロピアンが地球を滅ぼす

話を元に戻そう。いかにすれば長生きできるか。その答えはもうおわかりだろう。「エントロピーをかぎりなく減少させればよい」ということである。

ただし長寿であるための前提として、まず日頃から体と心と魂が健康で健全でなくてはならない。体が健康であることが大前提ではあるが、同時に心と魂も健康でなければならない。にもかかわらず、このことについては従来それほど論じられてこなかったように思う。

だが、あとで詳しく述べたいと思うが、あの国連・世界保健機関（ＷＨＯ）が健康の条件に、最近、「霊（性）的健康」を盛り込んだのである。人は霊（性）的にも健康であって初めて健康であると言えることをＷＨＯが明示したことはたいへん意義深いことである。

長寿のメカニズムをもう少し具体的に説明するならば、「ふだんから神仏と交流（アクセス）ができていればプラス因縁とマイナス因縁をうまくコントロールできるようになり、その結果、目に見えない世界から自分にとって必要な人、物、情報も、自分にとってプラスのものだけが寄ってくるようになる」ということである。そして、このプラスのものだけを呼び寄せる力こそ、ほかならぬ「神密力」なのである。

神密人間は三つの要素（時間、空間、人間）の歪みやねじれを正常にすることができるので、仮にマイナス因縁である霊障を受けても己の力ではね除けることができるというわけである。神密人間に「共時性（シンクロニシティー）」と呼ばれる現象がひんぱんに起きる理由も実はここにある。

共時性とは「意味ある偶然（実は必然なのだが）が重なること」を言う。それらの事象は一見、偶然のように見えても実は自分（の因縁）が引き寄せているのである。

一方、信仰心もなく、三つの要素が歪んだりねじれたりしている人は、マイナスの因縁ばかりが寄ってきて身動きがとれなくなってしまい、もがけばもがくほど奈落（アリ地獄）へ落ちていく。つまりエントロピーに陥っていくことになる。

このような人のことを私は「エントロピアン」と呼んでいる。エントロピアンは業の深い人であり、神密人間の対極にいる人のことである。

実はエントロピアンという言葉も私がつくった造語で、今から十数年前、私がまだ東京で事業をしている頃に突然ひらめいたものである。言葉の由来は言うまでもなく「エントロピー」。それに「人」を表わす英語の「アン（an）」をつけたものである。「業の深い人」「混沌をもたらす人」「いつも争いやトラブルのもとになる人」、つまり神道でいうところの「避けるべき三M――無理・無駄・ムラ」のかたまりのような人は間違いなくエントロピアンといえよう。

エントロピアンとは、マクロ的には核兵器や生物化学兵器、環境を汚染するCO_2など、ミクロ的には悪玉菌（サーズ、エイズ、狂牛病、ウイルス）にいたるまで、いわゆるマイナスの人・物・情報を呼び込んでエントロピーを起こすものを包括的に示す言葉なのである。病気やけが、事故、戦争といったようなマイナス現象は、大なり小なりこういったマイナス要因が原因（または引き金）になっていると言って間違いない。

最近とくに急増している青少年の犯罪にしても、地球環境問題や産業廃棄物処理の問題にしても、私たちの周りの小さな問題から大きな問題まで、また個人的な問題から家庭的、社会的な問題にいたるまで、すべてがエントロピアンのしわざといっても過言ではない。

神密人間が地球を救う

マイナスの人・物・情報を呼び込んで、病気やけが、事故、争いやトラブルのもとになる人、それがエントロピアンである。そんなエントロピアンにはプラスの共時性はまず起こらない。彼らが呼び寄せるものは、いのちや生活を脅かすようなありがたくないものばかりである。

では、エントロピアンにならないためにはどうすればいいか。その第一条件は、「日頃から神仏との交流を欠かさないこと」である。たえず神仏との交流ができていれば自己の魂も自ずと高まっていき、身につけている衣服（肉体と精神力）も強靭になっていく。

肉体と精神力が強靭になれば、たとえマイナス因縁が寄ってきても己の力ではね除けることができるようになる。そうなると、当然、先祖からの良いはたらきかけも受けることができるようになり、霊障を含むあらゆるマイナス因縁から免れることができるようになる。いわゆる神密人間になることができる。

神密人間になれば、すでに述べたように、人、物、情報も目に見えない世界（霊界・精神界）から自分にとって必要かつプラスのものだけが寄ってくる。したがって、エントロピー（混沌）をかぎりなく減少させることができるようになる。

別の言い方をするならば、エントロピアンにならない力こそが神密力であり、神密力をつけることでエントロピーから逃れることができるということである。

本来ならば国や親たちは、子供がまだ幼いうちから「エントロピーの法則」を教えるべきである。地球に共存するすべての人間が、物心つくころから、この法則を教えられていれば、幼いころから生命の大切さを知り、生命あるすべてのものに対する思いやりの心が芽生えてくるはずである。そうすれば現在のような地球環境汚染を招くことはなかったのではないだろうか。

水は蒸発すればまた水に戻る。たえず循環して地球を汚すことはない。だが、石油を原料とした現在の化学物質はもとには戻れない。生産すればするほど、消費すればするほど、地球は汚染され、どんどんカオスの世界に落ちていくことになる。いまや地球は加速度的にエントロピー増大に向かっているのである。

二十一世紀の夜明けを迎えた今、このままエントロピアンが増大し続ければ、地球そのものの存続さえ危ぶまれるだろう。地球の存続が危ぶまれるということは、そこに住む私たち人間の存続も危ないということである。

私はこの危機的状況に置かれた地球を救うことができるのは神密人間以外にないと思っている。今こそ神密人間が立ち上がり、地球救済のために力を発揮しなければならない時はない。

数百年の長寿を謳歌した古代人がいた

ところで先ほど私は、「百五十歳まで生きるつもりです」と信者さんたちの前でよく言っていると述べたが、大神杜女《おおがのもりめ》の始祖・大神比義《おおがのひぎ》という人もかなり長生きをしたようである。

一説には五百歳ぐらいまで生きたとも言われている。

そのことについて『八幡宇佐宮御託宣集』の第十四巻に、次のようなエピソードが載っている。

《豊前の国司がある朝、東方を仰ぐと、金色の光が見え、奇端《きたん》があらわれていたので東の方に尋ねていった。

下毛郡野仲郷に宇佐池守という二百歳の翁がいたので問うたところ、さらに東に五百歳の大神比義という翁がいるので彼に問うてみよと答えた。

そこでさらに東の方に行き、大神比義に尋ねると、日足裏《ひたうら》にいる大神波知《おおがのはち》は八百歳になるので聞いてみよと答えた。

そこでこの翁に聞いたところ、「この南に山があり、御許《みもと》と名付けている。その山に昔、八幡という人が往き来し、この人が来世を利するため今神となってあらわれている。その端光ではないか」と答えた。…》

長寿といえば、有名なかぐや姫の育ての母親である「若狭の八百比丘《やおびく》」も八百歳まで生きたと言われている。日本語の「若さ」という言葉もこの「若狭」からきているということである。

若狭（現在の福井県）は現在も湧き水の出る地として知られているが、長寿伝説や仙人伝説の残っているところは概して滝や湧き水が多いことなども長寿と無縁ではなさそうである。

大神比義や若狭の八百比丘は、言うまでもなく典型的な神密人間であった。私たちも神密人間になれば彼らのような超人的な長寿も夢ではない。

初老の男性は神密人間になれるか？

あなたの周りにもエントロピアンとおぼしき人が必ず何人かいるはずである。心当たりはないだろうか。

エントロピアンといえば、私はすぐにある初老の男性のことを思い出す。五十歳近くになる彼は以前からしばしば私のもとにやって来ては、いろいろな悩みを打ち明けていた。その男性がある日、私にこう質問してきた。

「先生はいろいろな人たちのために拝んでいるけれども、ご自分のことで神仏にお願いすることがあるのですか」

と言うのである。私はこう答えた。

「たしかに私は毎日神仏を拝んでいるけれども、それは人様のことで、『道が開かれますように』『いい方向へ向かいますように』とお願いしているのであって、私個人のことでお願いすることはないのですよ」

彼は「意外だ！」というような顔をし、それから何を思ったのか、いまの自分の気持ちを打ち明けた。

「私は長年ここに来て先生に拝んでもらっているのですが、どうも思うようなご利益をいただけていないようなのです。悩み事はあいかわらず後を絶ちません。どうしたものでしょうか」

私は「そうですか」と言って、少し間を置いてから彼に言った。

「あなたを分析してみると、どうも神仏とあなたを結ぶ線は割り箸やプラスチックの棒のように思えてなりません。つまり、かっこうだけはつながっているけれども、まったく交流（アクセス）していない」

「どうしてでしょうか。もう長いことここに来ているというのに…」

「それはあなたの心が濁っているために伝導率が悪いからでしょう」

少々きつい言い方だったかもしれないが、私は単刀直入にこたえた。彼には婉曲的な言い方をしても、かえって本質をわかりにくくするばかりだと思ったからである。

「心が濁っているって、どういう意味ですか?」

「心が濁っているというのは貪《とん》・瞋《じん》・癡《ち》に心が縛られているということです。

貪は『貪欲』という意味であり、瞋は嫌いなものに対する『反発や怒り』、癡は『無知・無明』、すなわち自分中心にしか物事を考えられないために正確な判断ができないことであり、思い上がった自己中心的な考え方・心情を表わします。

人間がエントロピーを起こす元の元(発信源)は、この貪・瞋・癡から始まるのです。貪・瞋・癡について触れたお経があるので、お見せしましょうか」

そう言って、私は男性に次のような「懺悔文《さんげもん》」を示してやり、その場で唱えてみせたのであった。

懺悔文

《我《が》昔《しゃく》 所《しょ》造《ぞう》諸《しょ》悪業《あくごう》
皆《かい》由《ゆ》無《む》始《し》貪《とん》瞋《じん》癡《ち》
従《じゅう》 身《しん》語《ご》意《い》之《し》所《しょ》生《しょう》
一切《いっさい》我《が》今《こん》皆《かい》懺《さん》悔《げ》》

我れ昔より造りし所の諸《もろもろ》の悪業は、
皆無始の貪・瞋・癡に由る
身と語と意より生ずる所なり、
一切を我れ今皆懺悔したてまつる。

『真言宗日用勤行集』（永田文昌堂刊）より

唱え終えてから、私は先ほどの話の続きに戻った。
「人間が起こす問題の元から結果までのプロセスがわかれば、それを起こさないようにする方法もわかってくるのですが、残念ながら、あなただけでなく多くの人間はそのメカニズムがわからないのです」

「それはなぜでしょうか」

男性は私の話に興味を覚えたらしく、身を乗り出して聞いてきた。

「そのことについて、仏教では人間が明るくない世界（無明の世界）に生きる生き物ととらえ、キリスト教では人間そのものが罪を負って生まれてくる存在（原罪を負っている）ととらえています。

かといってキリスト教が性悪説で、仏教が性善説かというと必ずしもそういうことではありません。どちらも人間の根元の問題をクリアにし、高めていけば無明の世界から脱出して神仏の世界へ行くことができると説いているからです。

脱出するための方法論として、キリスト教では『神の一人子であるキリストによって神の国に入ることができる』と実践論を教えていますが、仏教では唯一、密教がその方法を詳しく教えているだけで、その他の宗派はほとんど教えていないのです」

「それで、つまりどうすればエントロピーを起こす元の元（発信源）から逃れることができるのでしょうか」

男性は結論を早く知りたいというように矢継ぎ早に質問してきた。彼がこれほどしんけんな顔つきをしたのは初めてであった。私はできるだけ彼の理解を促すために、ていねいに答えてやろうと努めた。

「神仏とつながるいちばん良い方法は、まずピュア（純粋）な心になって祈ることです。そうすれば発信・受信が早まり、結果も早く出るはずです。人が神仏としっかり交流できていれば、自ずとそれが言葉や言動にも表われてくるでしょう。また人・物・情報に関してもマイナスの要因を寄せつけず、その結果、争いやトラブルから遠ざかることになるでしょう。しかし、信仰心のない人（エントロピアン）はこのメカニズムを信じることができず、ますますマイナス因縁と結びついてしまうのです」

私の言うことがどこまで理解できたのかわからないが、男性は何度もうなずいていた。神仏とつながりたいと思うのは、この男性にかぎらず万人に共通の願いである。だが、神仏から好かれる人間になるためにはいくつか条件がある。それはなにかというと、

①愛深きこと（慈悲深きこと）。
②誠実であること。
③素直であること。

ということである。さらに付け加えるならば、この三大要素の底辺に「他者のために自らのいのちを捨てる」という〝自己犠牲の想い〟が含まれているとき、神仏は涙を流しな

がらその人を守り導いてくださるのである。

神密人間になるためには、言うまでもなく「神仏に好かれる人間になる」ことである。そのためにもこの三つの条件は絶対に欠かすことができない。

このことに関連して、私の母・妙恵師がいつも口にしていた次のような言葉が思い出される。

《私の二十年、三十年来という信者さんのなかにも、残念ですけれど、ただご利益だけをありがたがって、自分を高めようとしない人がいないとは申せません。

現世利益はありがたいものです。けれど、それでしたら、今度は、そのありがたかった分だけでも、仏(神)さまにお礼をするのが神仏の道にかなうことではありませんでしょうか。

こう申しましても私は、みなさんに、むずかしい難行苦行をしてほしいと申し上げているのではありません。

自分が助かったのなら、今度は困っているひとを助けてあげる。あるいは、先祖への感謝、神仏への供養の気持ちを忘れずに、毎日の生活をきれいな心ですごすように心がける――これも立派な三密修行です。

このようにして、自分が心を磨き、少しでもこの世の中が明るく住みやすくなるように努めていただきたいのです。…》

度し難い宗教オンチ

もう一つ、エントロピアンにまつわるエピソードをご紹介しよう。

その人は、奥さんが一歳になる一人息子を道ずれに団地の最上階から飛び降りて自殺するという衝撃的な体験をもつ男性である。彼は奥さんの死がどうしても納得できず、悶々とした日々を送っていた。

そんなある日、書店で母の本を買って読んだことがきっかけで、私のところにもときどき通って来るようになり、苦しい胸の内を語っていた。

そろそろ一周忌が近づいたころ、彼がやって来て、奥さんと息子さんの一周忌は親戚の都合で少し早めの日曜日に行なうことになったので、ほんとうの命日には私のところでお経をあげてほしいと言う。「いいですよ」と私もこころよく彼の要望を引き受けたのであった。

当日、私のところでお経をあげたあと、彼が、

「現地（妻子が飛び降りた場所）について来てもらえませんか。そこでもお経をあげてもらいたいのです」

と言うので、「いいですよ」と言って、彼の車に乗ってついて行った。

途中、近くの花屋で花を買って供えたいというので、私はふと気になったことがあったのでたずねた。

「それはいいのですが、昨年、亡くなった当時、あなたはその現場に行きましたか」

と聞くと、二、三日後に行って花束をたむけ、手を合わせてきたという。

「その花は後片付けをしましたか」と聞くと、「いいえ」とキョトンとした面持ちでこたえた。

「だめですよ、ちゃんと後片付けに行くか、そのときに持ち帰るかしないと。枯れて散らかると団地の住人や通行人の迷惑にもなるし、道路も汚れるから…」

私はそう言いながら、「今日の花はどうしますか」と聞いてみた。彼は黙っていた。そして花屋で花を買ってきて現場に供え、私がお経をあげると、彼は頭をたれて手を合わせていた。

さて、帰るときに彼がその花をどうするのか見ていたら、車のトランクにしまった。二、三日後に片付けに行く時間がないとみて、持ち帰ることにしたのであろう。

時計を見ると、まだ正午になっていなかった。近隣のお寺にも行きたいという彼の要望にこたえて、私も同行したのであった。訪れたその寺は夫婦が安産祈願をした思い出の寺でもあった。それがわずか数年後にこのような運命になろうとは、そのとき誰が予測しえたであろうか。

その寺から私の菩提寺も近いので、「せっかくだから家《うち》の墓にもお参りしたい」と今度は私から彼にお願いすると、彼もこころよく連れて行ってくれた。

私を車から降ろしたあと、彼がいっしょについて来ないので、「おかしいな、もしかして…」と振り返ると、彼は車のトランクを開けていた。

「はは～ん」。私の直感どおり、彼は先ほどの花束をかかえて小走りに寄ってきたのである。私の先祖の墓に自殺した妻子にたむけたばかりの花を供えようというつもりなのだ。

このときばかりは、私は彼の無神経さを指摘し、強く諭した。だが彼は、私がいつになく険しい表情をしていることが不思議と言わんばかりに、キョトンとしているのであった。

彼としてはべつだん悪いことをしている意識はまったくない。だから〝度し難い〟のである。こういう人のことを宗教的なセンスがまったく欠けた「宗教オンチ」と言わねばならない。だからこそ、妻のシグナル（自殺の前兆）にも気づかなかったのであろう。

霊格の高い人、低い人

不思議なもので、こういうこと（宗教的常識）は先天的にわかる人とわからない人に分かれるようである。つまり先天的に宗教センスをもって生まれてくる人とそうでない人がいるということである。

それと、信仰心が厚い親や祖父母によって、幼いころから宗教的な話を聞いて育った人とそうでない人がいる。団塊の世代といわれる人たちあたりから核家族がドッと増えたことにより、その子どもたち（現在の青少年）は宗教的な話を聞く機会がほとんどないままに育ってきた。そういう状況ではとても宗教センスが養われにくいのは当然であろう。「先天的に宗教センスをもっているか」、あるいは「信仰心が厚い親や祖父母に囲まれて育ったか」、このどちらか一つでも恵まれた人は幸せである。もちろん両方とも恵まれるに越したことはない。

問題はどちらにも恵まれなかった人である。そういう人は申しわけないが「縁なき衆生」であり、生まれながらの「宗教オンチ」と言わざるを得ない。神仏に対する信仰心のまったく欠如した人間は度し難く、エントロピアンの代表選手のようなものである。

妻に自殺をされたこの男性は、私のところに来るたびに深いため息を何回も何回もついていた。だが、ため息を何百回ついてみたところで、亡くなった妻子が帰って来るものでもない。彼に少しでも宗教センスがあったなら、少なくとも妻のシグナルを事前にキャッチしていただろうし、悲劇的な結末を迎えないで済んだことであろう。だが本人はまったくそのことには気づいていない。

私はこの男性の例のように、自殺をした人の身内の方から相談事を受けることがたまにあるが、そんなときいつも思うことは、「エントロピアンにはエントロピアンとしての死に方をするものだなぁ。これはどうしようもないことなのかもしれない」ということである。

死に方というのは生き方の延長線上にあるものだから、人は生きてきたように死んでいくというのは一つの真理のような気がする。もちろん例外もたくさんあるが、私の周辺を見るかぎりにおいてはそのように思えてしかたがないのである。

病気や事故をはじめ、さまざまな災難はマイナス因縁の結果であると言っても過言ではない。誰もが災いの元の元（発信源）であるマイナス因縁を避けたいと思っているにもかかわらず、現実には避けられない。

なぜだろうか。それは一言で言うならばマイナス因縁をプラス因縁に転じるメカニズムを知らないからである。マイナス因縁をプラス因縁に転じるメカニズムとは、神密力を身につけ、その力よって転じる方法である。極論すれば、マイナス因縁を避けるにはこの方法しかない。

愛する妻子を同時に失うという不幸に見舞われた男性。彼がこの不幸を学びの機会と受け止め、正しい信仰に目覚めないかぎり、気の毒ではあるがマイナス因縁から逃れることができず、新たな不幸を招くことになりかねないだろう。

宇宙の真理に反したニセ宗教

私は、人がこの世に生まれてきた目的は、自分に起こるすべての事象を人生における修行ととらえ、それによって意識的に魂の浄化と進化・向上を果たすことにあると考えている。

その行き着く先がいわゆる「成仏」であり、この成仏こそが仏の教えの本質そのものである。とくに真言密教では、「人は死んでからではなく生きたままの状態で成仏できる」と説いている。これを「即身成仏」という。即身成仏をとげるということは、生きた状態のままで大宇宙の法則と一体になり、永遠の命を得るということである。

現在の日本の仏教（顕教）界において、正しい信仰についてきちんと説ける僧職者がいったい何人いるだろうか。私の知る限りではほとんどいないように思う。仮にも仏に仕える身であるならば、正しい信仰者としてのお手本を衆生に示すべきではないだろうか。仏教界の人たちにはこの辺で目覚めてもらい、衆生の霊的指導という本来の任務にたち帰ることを切望してやまない。

現在の日本の宗教はコインの裏表の関係にある。すなわち仏教（顕教）と神道が表で、密教と古神道が裏である。密教と古神道は修験道、陰陽道、神仙道など厳しい修行を積むことで体得されるものが複雑に絡み合ってできているので、教義や実践において互いに共通するところが多い。

最近、映画やテレビで話題になっている安倍晴明の祈祷方法は陰陽道のものであるが、これも古神道の一つの方法ととらえることができる。ただし、陰陽道と神仙道は中国で生まれた秘術である。

現在の日本の宗教は「既成仏教」「神道」「弘法大師の真言密教」「古神道」の四つに分類するのが妥当と思われるが、そのような認識をもつ人はあまりいないようである。

五十年以上にわたる宗教活動のなかで、母はこの四つの宗教をすべて信仰し、信者さんに対しては、その人にもっともふさわしい方法を選んでアドバイスしていた。前にも述べたが、母の信仰スタイルがなぜ神仏習合のスタイルをとっているかという秘密がここにある。母の跡を継いだ私も当然ながらそのスタイルを踏襲しているのである。

ところで、私のところには宗教遍歴を重ねてきた信者さんが何人かいるが、その人たちの話を聞いてみると、最近の宗教教団、いわゆる新興宗教といわれる教団の中には独自の教義をつくり、それを信者さんに押しつけているところが多いらしい。また執拗に信者の獲得を行ない、教団の規模拡大に余念がないところも少なくないようである。

それでは本来の宗教の本質、あるいは宗教家としてあるべき姿から大きく逸脱していると言わざるをえない。同じ宗教家として一生をまっとうした母・浅野妙恵師の生き方と照らし合わせてみるに、その違いはあまりにも大きい。

母は訪ねて来られた人たちの悩みに親身になって耳を傾け、拝むことでお大師様よりお告げをいただきながら、それぞれの悩みに対する解決法を指導していたが、常に「来る者を拒まず、去る者を追わず」、すなわち熱願冷諦《ねつがんれいてい》の姿勢を崩さなかった。それは縁のある人が来ればいいという姿勢であり、必要以上の伝道や教団の規模拡大、信者の獲得などは一切しなかったのである。

そのことについて、阿含経の次のような一節が思い出される。

来る者に歓喜せず
去る者に憂い悲しまず
染まず、また憂いなし
二つ心とも寂静なり

神仏のほんとうの教えは人の心を教義で縛ることではない。むしろその正反対で、限りなく解放してあげることである。それが宇宙の法則にかなったやり方というものである。

お釈迦様は「智慧をつけなさい」と智慧を得ることの大切さを説き、キリストは「汝の敵を愛せ」と愛の尊さを説いているが、実は智慧も愛も人間に対する限りない愛と信頼という意味では同じなのである。同じことを異口同音に表わしているにすぎない。人間に対するこのような限りない愛と信頼こそが本来の神仏の教えなのである。

しかしながら最近の教団の中には教祖が神にまつりあげられ、「自分（教祖）を拝みなさい」と半ば強要したり、教団拡大のため、あるいは幹部が贅沢をするために事あるごとに信者からお金を搾り取っているところが少なくない。いったいどういうことであろうか。これでは宇宙の真理に逆らうことになり、信仰の本質からも遠のいてしまう。

ここで読者のみなさんに言っておきたいのは、俗っぽい価値観を押しつけたり、教祖を拝めと強要するような教団はすべてニセ宗教と思ってまず間違いないということである。よくしたもので、エントロピアン教団にはエントロピアンが吸い寄せられて入信するのである。

その点、母と私は縁あってお大師様（弘法大師・空海）の真言密教、それに大神杜女に通じる神道・古神道の教えを授かったことはたいへんありがたいことである。これらは私の一生の宝であり、何よりも大切にしたいと思っている。

霊と霊障を同義語ととらえている霊魂否定論者

明治に入って神仏分離令が出されたことにより、それまで日本人の心の中に根づいていた宗教心が形骸化してしまい、宗教本来の姿を失ってしまった。また、その延長線上にある既存の宗教家の多くは、宗教の本来の役目である宇宙の真理を伝えることをせず、宗教を学問（哲学）としてとらえているために説得力を失ってしまっている。このことは日本人の精神的遺産の喪失であり、ほんとうに残念なことである。

こういった背景もあって、著名な宗教家あるいは仏教研究家と言われる人たちの著作や論文を読んでみると、霊や霊界（あの世）の存在を否定するものがほとんどである。否定論者は霊と霊障《たたり》を同義語にしてしまい、霊という言葉を聞いただけで、「そんなものがあるはずがない」と一方的に否定するのである。その主な論拠は、「霊がかわいい子孫に霊障などするわけがない」という点にあるようだ。

一見、その論理は当たっているように見えるが、果たしてそうであろうか。彼ら仏教研究家はこの現実世界でも幼児虐待や親子間での殺し合いが日常的に行なわれていることを忘れているのではあるまいか。

人間のやることは、この世もあの世もあまり変わらないのである。この世はあの世と表裏一体なのだから。この世に生きている人間（魂）は、あの世の予備軍なのである。そういうことを考えると、先ほど述べた、かわいい赤ん坊を道連れに自殺した母親は、いったいどうなったのだろう。不憫である。

母・妙恵師によれば、「霊の研究はあの世のことだけでなく、この世に生きている人間そのものの研究を含めた人間霊学が必要である」という。

また、「先祖の霊が子孫に霊障という形でマイナスのエネルギーを与えるという現象をどうとらえればいいのか」という問いに対しては、「成仏していない迷える先祖は、単に身近な子孫に寄り添っていたいだけであって、なにも病気になれとか、けがをしろ、死んでしまえなどと思っているわけではない。それは〝因縁酔い〟、あるいは〝宇宙酔い〟といった状態であって、この世にいたときと同じような正常な判断ができないだけである」と答えている。

つまり先祖が子孫にぴったり寄り添っていることが、時として霊障という不幸な結果が出ることがあるが、それは原因を発している側（あの世の人）からすると、わざとしているのではなく、〝過失の加害作用〟ということになる。別段、悪意があるわけではないが、それが結果的に病気や事故に至ってしまったというだけなのである。

ただ、ひとつ言えることは、正常な判断をもたない状態であの世に行ってしまった人は、あの世で因縁酔いや宇宙酔いを起こし、この世の人に霊障という過失を犯してしまうことが多いということである。この世での貧・瞋・癡をあの世にそっくりもって行き、この世でやっていたことと同じことをあの世でもやってしまうからである。

霊魂の問題を語るには、この世における人間霊学が語れれば、それがそのまま霊魂問題を語ることになるという理由がここにある。

宗教界の中でもとくに仏教（特に顕教）界は霊障という言葉を忌み嫌い、仏教用語には霊障という言葉は存在しないという。だが霊障という言葉は便宜的につけられたものにすぎないので、もしその言葉が気にいらないのなら「霊的作用」というような言葉に置きかえても構わないのである。

ところが、そんな仏教界にも霊魂肯定論者がいた。その人は高野山真言宗、伝燈大阿闍梨である池口恵観《いけぐちえかん》師である。師が某テレビ局の番組で丹波哲郎氏と対談している中で、結果的にあの世を認める発言をしているのをたまたま拝見したことがある。

恵観師といえば高野山の伝燈阿闍梨であり、「現代の空海」と称されるほど仏教界における大人物である。その師が霊魂を認めているということに救いを感じるが、他の密教系の人たちが必ずしもあの世を肯定しているわけではない。まして密教以外の宗派の人に至っては、まったく認めないというのが現状である。

しかし、たとえ仏教（顕教）界が霊魂を認めなくても、時代は確実に霊性（スピリチュアリティ）を重視する流れにある。先にも少し触れたが、その一つのあらわれが国連のWHO（世界保健機関）が「健康」の定義に「霊性が活力ある状態であること」という条件を加えたことである。

二〇〇〇年六月、WHOの執行理事会が「健康」の定義を、従来の「健康とは、完全な肉体的、精神的および社会的福祉の状態であり、単に疾病または病弱の存在しないことではない」という条文から、「健康とは、完全な肉体的、精神的、霊（性）的および社会的福祉の活力のある状態であり、単に疾病または病弱の存在しないことではない」と、あらたに「霊（性）的」という言葉を盛り込み、これが二〇〇一年の総会で決定されたのである。

WHOの執行理事会では活発な意見が交わされ、「霊性（スピリチュアリティ）は人間の尊厳の確保や生活の質を考えるために必要な、本質的なものである」という意見や、「生きる意味や生きがいを表わす言葉である」との意見も出されたのであった。

社会の中で生きている私たち人間の生活は、生物的次元から社会的次元、精神的次元、そして霊的次元まで多次元的位相をもっている。WHOが健康の定義に「霊（性）的」という言葉が付け加えたことは大きな意義があると言わなければならない。

それはさておき、仏教の祖であるお釈迦様は、あの世のことについてどう考えておられたのであろうか。実は、お釈迦様ご自身は、「人間は生まれ変わる」という輪廻転生説や霊魂の存在を肯定も否定もしていないのである。

釈迦が霊魂の存在を肯定も否定もしていないという理由から、日本の顕教は「霊魂は存在しない」と主張しているのであるが、釈迦の根本仏教の教えを説いた『雑阿含経』や『阿含経』の中には、驚くべきことに霊魂説も輪廻転生説も説かれているのである。

著名な仏教学者、玉城康四郎氏（東大名誉教授）と梅原猛氏との対談の中で、次のようなことが語られていた。

玉城「…詳しいことはここで申し上げられないんだけれども、長いあいだ、原始経典から大乗経典を見てきて、はっきり霊魂というものを教えている。霊魂という名前じゃなくて、カンマ・ヴィパーカ（kamma-vipaka　ブッダの説法に）懇々と示されている。

業熟体ですね」

梅原「霊魂というのは業熟体。それは面白いですね」

玉城「…瞬間瞬間に変転しながら、来る世も、来る世もずうっと続いている。これが魂。しかし魂というイメージでは描けない。深くて広い業熟体。そしてあらゆる問題がここから噴き出してくる。湾岸戦争、殺戮、餓死等々。だから菩薩の悲願「煩悩無尽誓願断…仏道無上誓願成」は無限に続いていく」

対談「たましいを問う」（季刊・仏教一九九一・七　法蔵館刊）より

日本を代表する両者もこのように説いている。ということは、霊魂説や輪廻転生説を前提としない仏教には理論的に矛盾が生じることになる。それよりも何よりも現実問題として、霊魂説や輪廻転生説を否定しておいて、何のために葬式や法事をするのかということである。

では、あらためて問う。何のために拝むのか。極楽浄土でいくら修行を積んでも、もしパスしないで成仏できなかったら、その人（霊魂）はどうなるのか。

こうした疑問にいまの宗教界ははっきりした回答を与えていない。もし霊魂を否定するのであれば、死体はただの物体として処分すればいいわけで、多額の費用のかかる葬式をする必要はないのではないだろうか。

「死んだら終わりよ!!」

これは私の知るある寺の僧侶から実際に耳にした驚くべき発言である。

多くの宗教がそれぞれの教義を主張していることもさることながら、詐欺まがいの教団も多数横行している現在、本物とニセ物を見分けるには、先ほどの「正しい宗教の判断基準」にしたがって見分けるしかない。すなわち、その教えが宇宙の真理・法則とつながっているかどうか。まず基本のこの一点が守られているかどうかが見極めの最大のポイントになる。

私自身は特定の宗派にとらわれるのではなく、宗教を感覚的、体験的にとらえる立場をとっているが、ある日、信者さんの一人に、

「先生、先生は浄土真宗の安芸門徒が多い広島で、お大師様や神様のお告げを授かるなんて、何かのご縁でしょうね」

と言われたことがあった。

なるほど、そう言われてみれば、浄土真宗は霊魂を否定するばかりでなく神様さえも全

面否定している宗派である。その浄土真宗が多い広島にも全国の市町村と同様に多くの八幡様や氏神様が祀ってあり、秋祭りや夏祭りも盛んである。にもかかわらず、お互いに相手を認めていないのである。そんな土地柄の広島で母の跡を継ぎ、お大師様や神様にご縁をいただいて宗教活動をしているのも何か深い意味のあるご縁だろう。

最先端科学（量子力学）が霊界を突き止めた！

あの世（霊界）を信じない人も、ある意味でエントロピアンと言えるだろう。なぜなら霊界を認めない人には正しい信仰、すなわち「神仏との交流」も「先祖の供養」も「自己の魂の供養」）もまったく意味をなさないからである。

しかし、私はここであえて断言する、「あなたが霊界を信じようが信じまいが、霊界は歴然と存在する」と。これは私の思い込みでも何でもない。なぜなら二十一世紀に登場した「量子力学」が霊界の存在を証明しつつあるからだ。

最先端科学である量子力学が、ミクロの世界においてはこれまでの科学では考えられなかったような奇怪な現象（科学を逸脱した超常現象）が日常的に起きていることを明らかにしたのである。すなわち、そこではミクロの世界では幽霊やお化けが平然と出没する異常現象に満ちた魔空間であったことが次々と明らかにされてきたのである。これによって自然に対する科学者たちのものの見方を根本から変えてしまった。

とはいえ量子力学は正面から霊界を追求する科学ではないし、当然ながら霊界に関わるような表現はあからさまには用いられていない。また、量子力学と「死後の世界」の接点を表立って説こうとする科学者も多くはない。主流と言われる科学者ほど、霊や超能力、超常現象に類するものは異端科学としてタブー視しているからである。アカデミズムの閉塞性が際立っている日本においてはとくにその傾向が顕著である。

だが、物理学者たちの中には近い将来、革命的な科学理論が出現すると考える人が多くなっていることも事実であるが、量子力学ではすでにあの世とこの世の境界（霊界が漏れ出ている現象）が実験によって検地されており、欧米ではテレパシー（超光速信号）や霊界通信のメカニズムまで研究の対象にされているのである。これは驚くべきことと言わなければならない。

霊界なんか存在しないと考えている人たちの意識を根本から覆すような変化が起ることを、誰よりも最先端科学の研究にあたっている物理学者が感じているということも皮肉といえば皮肉なことである。

量子力学は体験に基づいて発展した科学であり、体験とは実際に起こっている現象を実験で確認することであるから、どんなに量子力学の主張が納得しがたくても真正面から素直に受け止めなくてはならない。寄らばアカデミズムの大樹の下とばかり大勢に身をゆだね、流されてきた従来の保守的な科学者たちも、ようやく目を覚まさなければならない時が来たようである。

さらに付け加えれば、このことに関連して先ほどご紹介した「たましいを問う」の対談中、両者のたいへん興味深いやりとりの箇所があったので、ここに一部引用して紹介しておきたいと思う。

●聖徳太子が枕元に立つ

玉城「合理主義だけでは解消しきれませんね。僕の場合にも、それほどじゃないけれども太子の面影が動いてきたんです」

梅原「『聖徳太子伝略』にはそういう話がたくさん書いてありますね。聖徳太子が『三経義疏（さんきょうぎしょ）』を書くときに、夢枕に中国の仏さんが立って、そして意味のわからないところを教えてもらった。だから『三経義疏』というものは聖徳太子が書いたというよりは、仏さんそのものが聖徳太子に教えて書かせたということでしょうね。私はその話、よくわかります。私の書いたものも、やっぱり聖徳太子に教えられた。あるいは柿本人麻呂が夢枕に立って語ったという気がします。そんなことを言うと、神がかったとか言われますけれど…。業熟体というのは先生の用語ですか」

玉城「いや、そうじゃない。これは仏陀のことばです」

梅原「それを先生が訳されたわけですか」

玉城「漢訳では業異熟です。唯識説でいえばアーラヤ識を異熟識というでしょう。あれです。同じことです。……（以下略）」

対談「たましいを問う」（季刊・仏教一九九一・七　法蔵館刊）より

旧ソ連政府による驚愕の公式レポート

最近では欧米の科学書に、あの世（霊界）と量子力学の接点を述べたものも出はじめていると聞く。いずれそうした本が日本でも徐々に出回ることが予想される。

あの世（霊界）と量子力学の接点を述べた科学書といえば、旧ソ連邦が崩壊の直前、各国のソ連大使館から刊行された『今日のソ連邦』（一九九〇年五月号）の特集記事には仰天させられた。

私がこのことを知ったのは、コンノケンイチ氏著の『般若心経は知っていた』（徳間書店刊）を通してであった。

事実を確かめたいと思った私は、矢もたてもたまらず国会図書館に問い合わせたところ、くだんの『今日のソ連邦』が保管されているという。さっそく上京して図書館に出向き、そのコピーを入手することができた。

驚いたことに、そこには旧ソ連邦が極秘裡に行なっていた超能力（ＥＳＰ）研究の成果と、地球外生物（ＵＦＯ）との心的コンタクトという驚異的な事実が述べられていた。それも単なる理論や憶測だけではなく、「確認された事実である」と現ロシア政権に直結する科学者たちが言い切っているのである。

とくに重要なことは、ＫＥＴＳ（ソビエト省庁間組織「天体浮揚物科学技術センター」）

が、次のような事実について明確に述べている点である。

①無限宇宙の構造について。

②宇宙超知性の意識（進化）レベルの順位について（これはコンノ氏も指摘している密教の「大日如来＝マンダラ」に象徴されるものである）。

③異星人は地球に来ていたという事実について。

政府の公式レポートにこんなことが？　私も正直のところ驚きを禁じ得なかったが、それは疑いようもない事実なのである。中でも私の目をひいたのは、密教でいう「大日如来＝マンダラの世界」と同様の世界について、次のように述べている点である。

①宇宙には四つの生命の変種が存在し、そのうちの三つは、非蛋白のプラズマ形態の銀河宇宙の高等知性集団である。

②それらと人類の中間に存在するのが、四つめの非蛋白のプラズマ形態の生命体である。そこには私たちと同じ蛋白質を基にした生命形態と、ヒューマノイド（人類に似た形態＝人造人間）が存在する。

③宇宙の超知性体は、生態学的破局によって引き起こされた突然変異の結果発生する十二

のタイプから成っている。ヒューマノイド形態の一種類は遺伝的に人類に近く、突然変異体にとっては最初の形態である。

マンダラ

「宇宙の高等知性集団のおおよそが、肉体をもたないプラズマ形態のエネルギー体に進化しているということは、不老不死の生命体であると考えていいのではないだろうか」とコンノ氏は述べているが、私もまったく同感である。

衝撃的なのは、「人類は進化の原初形態である」と述べて、私たち地球人はまだまだ進化の途上にある〝原始人〟と位置付けられている点である。

「いずれにせよKETSが述べていることは、宇宙は大日如来を生命進化の頂点とする、まさに『金剛界・胎蔵界マンダラ』の世界そのものだった」とコンノ氏は述べているが、まさにその通りである。もちろん『今日のソ連邦』に「大日如来」という言葉は用いられていないが、その意味するところはまったく同じである。

さらに、本書の主眼でもある霊魂問題（あの世とこの世、死後の世界、テレパシー等を含むESP能力）に関連して、ロシア科学アカデミー「異常現象研究技師」のユーリ・フォミン氏は次のように述べている。

《①KETS（ソビエト省庁間組織）は肉体情報管理構造「IMS」（筆者注：人のテレパシー、超能力・霊能力の原質）を発見した。

②IMSは半開きの構造をもち、時間や距離に関係なく宇宙の意識体と瞬間的な情報を確立することができる。

③IMSは肉体が消滅した死後も保存されることが研究と実験によって確かめられた。

④IMSによって人間のESP能力の限界値も確定され、異星人との交流方法などの巨大な情報量も明らかになってきた。

⑤IMSの全体構造は、無数の宇宙生物のローカル段階から構成されており、結局は宇宙全体の生物と死者の魂を統合している。

⑥地球で人類は進化の最高の環にあるが、宇宙では原初レベル（筆者注：エントロピアン）

にある。

⑦人間に代わって地球に登場する新しい種（筆者注：神密人間）は、より完成されたＩＭＳ資質をそなえている。》

こうした量子力学の科学的発展と並行して、私の説く「神密力」理論は、二十一世紀における代表的な宗教哲理として世界的に注目されるようになるであろうという思いをますます強くしているところである。

第四章　神密力を発揮する

神仏と交流する手段としてのお経

この本を読んでくださっているみなさんは、朝夕、仏前に手を合わせ、お経を唱えている方も多いかと思うが、一般には、たまに仏事などでお坊さんが唱えるのを聞くことはあっても、自ら唱えることがないという人が多いのではないだろうか。

前にも述べたが、お経（特に真言）や祝詞《のりと》の波動は私たちの心を鎮めてくれるだけでなく、計り知れない〝栄養〟を与えてくれるのである。私がこういう仕事をしているから言うのではないが、できれば般若心経や身滌大祓くらいは覚えて、毎日一回くらいは唱えてほしいと思う。般若心経は仏教の代表的なお経であるが、これが神道の「祝詞全集」の中に入っていることは意外に知られていない。つまり般若心経は神仏両方に入れられ読誦《どくじゅ》されているのである。

お経は神仏と交流（アクセス）するための重要な手段であるが、たとえ毎日お経を唱えていても、その人がほんとうに正しい祈りをしているか、その信仰の度合いによって交流の導線が効率の悪い〝銅線〟であったり、あるいはきわめて効率の良い〝光ファイバー〟

であったりする。自分の導線はどちらなのか、すべては自分の心が発信する神仏やお大師様への思いの度合いで決まるのである。

ところで、みなさんのお宅の仏壇や神壇にはどのような神仏が祀られているだろうか。我が家にある祭壇は母の代からのもので、言うまでもなく神仏習合である。

まず祭壇の上段の上座にあたる左手に天津神（天照大神様・豊受大神）、国津神（出雲様）の社があり、その右に三鬼大権現、中央に大日如来、右側に不動明王、薬師如来、観音菩薩をお祀りし、中段に弘法大師像と修行大師像を、下段に水子地蔵像を、そのほか生駒の聖天様、毘沙門天様、それに八百万神（地元の氏神様）をお祀りしている。私はその祭壇の前に正座し、毎日お経や祝詞を唱えている。

ひと口に「お経」と言っても実にたくさんあるが、中でも私は「般若心経」と「舎利礼《しゃりらい》文《もん》」が好きである。舎利礼文とは「お釈迦様の舎利（身骨）を礼拝する言葉」という意味である。その全文と解説をご紹介しておこう。

「舎利礼文《しゃりらいもん》」

一心頂《いっしんちょう》　礼万徳円満釈《らいまんどくえんまんしゃー》　迦如《かーにょー》　来真身舎《らいしんじんしゃー》　利《りー》
本地発身法界塔婆我等礼敬《ほんじーほっしんほうかいとうばーがーとうらいきょう》　為我現身入《いーがーげんしんにゅう》　我々入《がーがーにゅう》　仏加持故《ぶつがーじーこー》
我証《がーしょう》　菩提以仏神力利益衆《ぼーだいいーぶつじんりきりーやくしゅー》　生《じょう》　発菩提心修《ほつぼーだいしんしゅう》　菩薩行《ぼーさつぎょう》　同入《どうにゅう》　円寂《えんじゃく》　平《びょう》　等大智《どうだいちー》　今将《こんしょう》　頂《ちょう》　礼《らい》

「仏の舎利を礼拝する言葉」

《あらゆるすぐれた徳を完全にそなえられた釈迦如来の、真実生身《しょうじん》のおん舎利であるところの、本地にましますす法身仏・大日如来の法界をあらわす舎利塔を一心不乱に供養します。

我らがこのように礼拝恭敬《くぎょう》しますと、この仏、大日如来は我々のためにこの世に身をあらわして、仏と我とが一体となり、仏の加持の力によって、我は菩提を証得し、仏の神通力をたすけとして、衆生に利益をあたえ、また衆生も菩提心を発して、菩薩の行を実修して、我らとともに悟りの境界に到達することができます。このような平等の大智慧である仏のおん舎利に対して、いま我らは礼拝供養を捧げます。》

勝又俊教著『お経　真言宗』（講談社刊）より

この舎利礼文にかぎらず、お経を唱えていると不思議な感覚にとらわれることがよくある。たとえば、お経や祝詞を唱えていると空腹をまったく感じないのである。それどころか心身ともに充実してきて、生命力とも呼ぶべき力が湧いてくる。おそらくお経にはそのような力があり、私はそこから目に見えない栄養をたくさんいただいているのだろう。ほんとうにありがたいことだと感謝している。

「心經奉讃文」と「不動尊祈經」

ところで日常的にお経を唱えている方は別にして、お経に触れる機会があまりない方のために、ここで「心經奉讃文《しんぎょうほうさんもん》」と「不動尊祈經《ふどうそんいのりきょう》」の二つのお経をご紹介しておきたいと思う。

「心經奉讚文」

《抑《そもそも》般若心經《はんにやしんぎよう》と申《もう》し奉《たてまつ》る御經《おんきよう》は、天台七十巻《てんだいしちじゆつかん》、阿含經《あごんきよう》六十巻《ろくじゆつかん》、華厳經《けごんきよう》方等般若法《ほうとうはんにやほ》華經《けきよう》等一切八萬四千餘巻《とういつさいはちまんしせんよかん》の中《うち》より選《えら》び出《いだ》されたる尊《とうと》き御經《おんきよう》なり、文字《もじ》の数《かず》は僅《わずか》に二百六《にひやくろく》十餘文字《じゆうよもじ》なれども、神前《しんぜん》にては寶《たから》の御經、佛前《ぶつぜん》にては花《はな》の御經《おんきよう》、況《ま》して人間《にんげん》の為《ため》には祈《き》念祈祷《ねんきとう》の御經《おんきよう》なれば、聲高々《こえたかだか》と讀上奉《よみあげたてまつ》れば、上《かみ》は梵天帝釋《ぼんてんたいしやく》、下《しも》は堅牢地神《けんろうじしん》に至《いた》るまで感《かん》應《のう》ましますこと疑《うたが》いなし、謹《つつし》んで讀誦《どくじゆ》し奉る》

『真言宗日用勤行集』（永田文昌堂刊）より

「不動尊祈經」

《一心《いつしん》に祈《いの》り奉《たてまつ》る。香《こう》の煙《けむ》りは幽《かすか》なれども天《てん》に通《つう》じて。天下《あまくだ》らせ給へ。其時《そのとき》に大日大聖《だいにちだいしやう》不動明王《ふどうみやうわう》。五色《ごしき》の雲《くも》の中《なか》より御《おん》すがたを現《あら》はせ給《たま》ふ。あら有難《ありがた》や。倶梨伽羅不動《くりからふどう》や。まんねん劔《つるぎ》をさかばにかざせられ阿吽《あうん》の二字《にじ》が。火焔《くわえん》となつてながめてまんだら。娑嚩訶の波を。あらくれ。矜羯羅童子《こんがらどうじ》が。かうべにあがつて。制吒迦童子《せいたかどうじ》が受《う》けとり給《たま》ひて。悪《あく》病諸病《びやうしよびやう》を。からめとつて三《み》ツ石川原《いしかわら》の。せいはに祟《たた》りて。祈《いの》れや祈《いの》れ。叶《かな》ふぞ〳〵。懺《ざん》悔《げ》〴〵。六根清淨。一《いち》より二《に》けん。三界四《さんがいし》はらい。五《ご》たんの巻《まき》もの。六根《ろくこん》清淨。七難即滅《しちなんそくめつ》。八方《はつぱう》からめて。九《く》もつを整《とと》のへ。十《じゆ》ぶに祈《いの》れば、神《かみ》は清淨《しやうじやう》。なさしめ給《たま》ふぞ。ほんぎやくほんじの。大護摩供養《だいごまくやう》。東《ひがし》は日《ひ》の本《もと》。天照大神《あまてらすおほかみ》。鹿嶋《かしま》に香取《かとり》。生須《いけす》の明神《みやうじん》。神體日輪《しんたいにちりん》。南《みなみ》は大唐《だいとう》。晴雲星辰《せいうんせいしん》。西《にし》は天竺《てんちく》。三世《さんぜ》の諸菩薩《しよぼさつ》。佛體月輪《ぶつたいげつりん》。北《きた》は子《ね》のくに。出雲《いづも》の御神《おんかみ》。八百萬神《はつぴやくまんしん》。天《てん》も感應《かんのう》。地神《ちじん》も納受《のうじゆ》。諸願《しよぐわん》も成就《じよじゆ》。鬮《みくじ》はさら〳〵。》

『神道大祓全集』（永田文昌堂刊）より

お稲荷様のこと

私のところで祀っている諸神諸仏は、いずれも母と縁の深いものばかりであるが、実はお稲荷様を祀ったのは母の晩年のことである。それまではまったくご縁のない神様であった。

ご存知ない方もいるかもしれないが、伊勢神宮の外宮にお祀りしてある豊受大神の本体はお稲荷様である。お稲荷様は天照大神様と助け合いながら、日本国をいっしょうけんめい守護してくださっているのである。

お稲荷様は仏法の護持をする神様として、お大師様によって大陸よりもたらされたのであるが、いまや商売繁盛の神様としてだけではなく、人間の生業《なりわい》を守る神、日本国を守護する神としてのはたらきが前面に出てきているようである。

お稲荷様は商売繁盛の神様として尊崇される一方で、〝恐い神様〟として恐れられてもいる。というのは、お祀りすればその功徳も大きいかわりに、お守りがじゅうぶんできないと、かえって本人に災いが起こると心配する人が多いからである。たしかにそれも真実であるが、過分な願いごとをする人間のほうに問題のある場合が多いのではないだろうか。

たとえば金銭的な問題を相談する場合、その人の生死に関わるほど切実な場合ならともかく、贅沢をしたり遊ぶためのお金が欲しいという身勝手なお願いの場合は、神様とて「いい加減にしろ」と言いたくもなるはずである。これは神様の世界でも人間の世界でも同様である。

お稲荷様に願をかければ実現することが多いが、それはお稲荷様よりその徳分を一時的に借り受けるということであるから、借りた徳分は必ずお返ししなければならない。人間世界でも恩を受けた相手にお返しをするのは当然のことであるが、お稲荷様の場合は、その「お返しする」ということが非常に重要になってくるのである。お返しを忘れたりすると、お稲荷様からお叱りを受けることがある。

お稲荷様を祀るようになったキッカケ

我が家はなぜかお稲荷様にはご縁がなく、自宅道場にも祀っていなかったのであるが、ある時期、たて続けにお稲荷様に関するテーマを持った信者さんやいろいろな方が来られたことがあった。

「なんでこんなにお稲荷さんが続くのでしょう…」

と母も不思議がった。そして結局のところお稲荷様を祀らざるを得ない状況になったのである。その理由の一つはこうである。

ある日、古い信者さんでNさんという五十代の男性が交通事故を起こし、そのことで母に相談にやってきた。母がお経をあげ、拝んでいるとお稲荷さんが出てきた。

「Nさん、あなたのお父さんが昔、お稲荷さんがお怒りになるような無礼なことをしていますよ。お稲荷さんの神社かどこかで何か変なことをしたのでしょうかね」

「いや、覚えがありませんが…」

その日はそんなやり取りのあと、彼は帰って行った。

ところが何を早とちりしたのか、Nさんは母の指示も仰がずに一人で伏見まで行ってお稲荷様のお札をいただいてきて、さっさと自宅の庭に祀ったのである。

その後、また車を横からぶつけられたと言ってみえたとき、そのことを聞き、母もたいへん驚いたのだった。

母は拝み終えるとNさんの方に向き直って聞いた。

「Nさん、あなたお稲荷さんを祀ったというけど、いったいどんな祀り方をしているんですか。お稲荷さんがお怒りになっていますよ。社《やしろ》はどうなっているんですか」

「はい、実は飼い犬の小屋を作ったときと同じベニヤ板を買ってきて、それを使って日曜大工で作りました」

「あっ、それです。お稲荷さんがバカにするでないとおっしゃっているのは」

「どうしたらいいでしょうか」

「仏具屋さんか石材屋さんで正式な土台を求め、その上に社を据えなさい。社も伏見に行けば売っているので、土台に合ったサイズのものを買ってきて、ちゃんとお祀りしなさいよ」

そう念を押されたNさんは、その後、母に指示されたとおり、きちんと祀ったようである。


もう一つのエピソードは母の身の回りで起きた出来事である。

私の留守中に関西からIさんという古い信者さんが訪ねて来られた。彼女は地元で美容院を経営している方であるが、地元で商売をしているお父さんの影響で昔からお稲荷さんを信仰し、自宅にも祀っているということを人づてに聞いていた。

「先生、いつもお世話になっています。最近少しまとまったお金が入ったので、これを使ってください」

と言って、現金の入った分厚い封筒を母に差し出したというのである。私が帰宅したときはIさんはすでにいなかったが、母にその話を聞いて非常に驚いた。

次の日、母が私を呼んで、「あんた、昨日のお金を知らないか。実は…」と、お金がなくなったことを告げた。部屋中どこを探しても見つからなかったので、もしかして私がどこか別の場所に保管しているのではないかと聞いてみたというのである。

もちろん私がお金のことなど知る由もなかった。母に報告を受けただけで、その封筒すら見ていなかったのである。

母と二人で首をひねっているとき、ふとIさんは親の代からお稲荷さんを信仰しているので、その人がもってきたお金だから、もしかしたら「神隠し」にあったのではないだろうかという思いが、私の脳裏をよぎった。

そして次の日、いつも何かとお手伝いしていただいている女性の信者さんが二人みえたので、訳を話していっしょに探してもらうことになった。四つの目よりも八つの目の方が早く見つかるのではないかという期待もあって、お願いしたのである。

みんなでタンスの中からベッドの下まで徹底的に探してみたが、どうしても見つからなかった。

母は母で、Iさんのせっかくの好意を無駄にしては申しわけないと言って、祭壇の前に座って拝みはじめた。すると間もなくお稲荷さんが出てこられて、母にこう告げた。

「稲荷は低級霊とかなんとか言って、おまえのところでは祀っていないようだが、稲荷にもいろいろあるのだぞ。霊格の高い稲荷は立派な神であるぞ」

母は「たいへん失礼いたしました」と心から謝った。すると、そのお稲荷さんが「例の件、見つけてほしいか」と聞かれたので、「ぜひ、お願いします」と答えると、「いいだろう。ただし条件がある。私を祀る意思はあるか」と言われたのであった。

今回の件と交換条件にお稲荷様を祀るかと聞かれて、母は頭を抱えて考えた。そして私に向かって、今後お稲荷さんを拝む気はあるか。祀るも祀らないもおまえ次第だと言うのであった。私が「ええ、いいですよ。拝みますよ」と答えると、「それなら祀ろう」と言って、お稲荷様を祀る約束をしたのである。

さて、一服したのち、みんなで再び同じところを探しはじめたところ、「先生、ありました」と女性の信者さんの一人が声をあげた。タンスの中の服と服のあいだから出てきたというのである。そこは昨日も、そしてついさっきも探したばかりのところであった。

これにて一件落着と思ったのもつかの間、この話にはまだ続きがある。

そんな騒動があってから二、三日後、古い信者さんのFさんというご婦人がひょっこり来られた。雑談の中で例の不思議な話をすると、Fさんも「不思議な話があるものですね」と驚いていた。

その日はたまたま先日いっしょに探してくれた二人の信者さんがみえていて、いつものようにいろいろ手伝ってくれていた。

Fさんが帰ったあと、時計を見ると正午を大幅に過ぎていたので、なじみの寿司屋に出前を四つ頼んだ。

間もなくチャイムが鳴り、お寿司屋さんが来たので、信者さんの一人が玄関に出て受け取り、それをテーブルの上にのせた。ラップがしてあるいちばん上の段を母に、下の段をそれぞれ三人に分配し、「さあ、いただきましょう」と言って、母がかっぱ巻きをひと口かんだとたん、「カチン」という音がした。驚いた母が、「何かしら」と食べかけのお寿司を見ると、なんと五十円玉が入っていたのだった。そのかっぱ巻きはキュウリを芯にしてごはんを海苔で巻き、四等分ぐらいに切ってあるものだった。

お釣りが紛れ込んだのだろうか。いやいや、たしかにお釣りはもらったが、そもそも五十円玉などなかった。寿司屋の厨房で紛れ込んだとも考えられない。というのは、この寿司屋は私もよく知っているが、レジは板前さんのところから離れたところにあるからだ。

五十円玉は芯のキュウリと同方向に入っていたので、もし寿司屋でまぎれこんでいたなら、切るときに包丁にかかり、板前さんに気づかれたはずである。

母も「不思議じゃね」としきりに首をひねっていたが、私は「もしかして…」という気がしていた。よりによって母が最初につまんだものにお金が入っていたことも不思議といえば不思議である。そこで私が、「お母さん、縁起がいいじゃないの。五円の十倍だからご縁も十倍いただけるよ」と冗談を言うとみんなも笑い、その日はお開きになった。

私が「もしかして…」という気がしたというのは、ご存知のようにお稲荷さんというのは物質を引き寄せたり離したり、いわゆるテレポートさせることが得意な神様であることを思い出したからである。

私は今でもあの一件はお稲荷さんがテレポートさせたものと思っている。寿司屋の状況から考えても、それしか考えられないのである。

後日、たまたま知人との付き合いでその寿司屋に行く機会があったので、「ちょっとつかぬことを聞きますが…」とそのときのことを聞いてみたところ、板前さんたちもびっくりしていた。

このようにお稲荷様に関する不思議なことがあまりにも続くので、「そろそろ時期が来たんだね。お稲荷様を祀って拝めということなんだろうね」と母と話し合い、お祀りすることにしたのである。自宅道場の祭壇には伊勢神宮（内宮）の天照大神様を祀っているので、外宮の豊受大神のお稲荷様をお祀りすることにしたのだった。ちなみにお稲荷様の真言は、「おんきりかくそわか」という。

「稲荷大明神祓」と「稲荷大神秘文」

お稲荷様の話が出たところで、お稲荷様に関する「稲荷大神秘文《いなりおおかみひもん》」と「稲荷大明神祓《いなりだいみやうじんのはらひ》」という二つの祝詞をご紹介しておこう。

「稲荷大明神祓」

高天原《たかまがはら》に神留坐《かみとどまりま》す皇　親神漏岐《すめらむつかみろぎ》神漏冊《かみろみ》の命《みこと》を以《もって》　豊葦原《とよあしはら》の瑞穂《みづほ》の國五穀《くにいつくさ》の種津物《たねつもの》の神靈飯《みたまい》成五社大命《なりごしゃだいみやうじん》　神へ鎮坐《しづまりま》す稲蒼魂命《うがのみまのみを》大巳貴命《おほあなむちのみを》太田命《おほたのみを》　大宮姫　命《おほみやひめにみを》保食　命《うけもちのみを》五柱《いつはしら》の大恩神《おほんかみ》天《あめ》より五《いつ》穀《くさ》の元祖《みをや》として普《あまね》く種《たね》を降《くだ》し千代萬代《ちよよろづよ》まで秋の垂穂《たれほ》八握《やつか》に莫々《しなひ》上者《かみは》帝《みかど》を奉始《はじめたてまつり》　　顯主《うつし》蒼生《あをひとくさ》　を養之心《ひたしこころ》の儘《まま》に潔《いさぎよ》　く生《うみ》の子《よ》の八十續《やそつづき》まで生成賜《うみなしたまふ》ふと祓中奉敬《はらひまうしうやまひたてまつ》　　れば立春《たつはる》の秋風《あきかぜ》通氣自在《つうきじざい》の徳《いさほし》　は明安生家《あかやすせいか》の住《すみ》に能風秋《よきかぜあき》の神道《かみみち》に出奉《いでたてまつり》　　光《ひかり》　皆稲里《みないなり》五社大明　神乃徳《ごしゃだいみやうじんのいさほし》なりと

恐《おそれみ》 美恐《おそれみ》 美申《まう》せば十穀《とくさ》の種津物《たなつもの》五穀成《ごこくじやうじゆせ》 就不致《ず》と云事《いふこと》なし祈《いのるところ》 處 願《ねがふところ》 處 守《もまもり》 幸給《さいはひたまふ》比無上靈《ひなきみ》
寶神道加持《たましんたうかぢ》

「稲荷大神秘文」

夫神《それかみ》は唯一《ゆいいつ》にして。御形《みかたち》なし。虚《きよ》にして霊有《れいあ》り。天地開《あめつちひらけ》闢て此方國常立尊《このかたくにとこたちのみこと》 を拝《はい》し奉《まつ》れば天《あめ》に次玉《つくたま》。地《つち》に次玉《つくたま》。人《ひと》に次玉《やどるたま》。豊受《とようけ》の神《かみ》の流《ながれ》を。宇賀之御魂命《うがのみたまのみこと》と。生出給《なりいでたま》ふ。永《なが》く。神納成就《しんのうじよじゆ》なさしめ給《たま》へば天《てん》に次玉《つくたま》。地《ち》に次玉《つくたま》。人《ひと》に次 玉《やどるたま》。御末《みすえ》を請《うけ》。信《しん》ずれば。天狐地《てんこをち》狐空《こをく》狐赤狐《こをしやくこを》 白狐《びやくこを》。稲荷《いなり》の八霊《はちれい》。五狐《ごこ》の神《しん》の。光《ひかり》の玉《たま》なれば。誰《たれ》も信《しん》ずべし。心願《しんがん》を以《もつ》て。空界蓮來《くかいれんらい》。高空《こうくう》の玉《たま》。野狐《やこ》の神《しん》。鏡位《きよい》を改め神寶《かんたから》を以《もつ》て七曜九星《しちようきうせい》。二十八宿《にじうはつしゆく》。當目星《とめぼし》。有《ある》程《ほど》の星《ほし》。私《わたくし》を親《したし》む。家《いえ》を守護《しゆご》し。年月日時《ねんげつじつじ》災《わざはい》無《な》く。夜《よ》の守。日《ひ》の守《まもり》。大 成哉《おおいなるかな》。賢成哉《けんなるかな》。稲荷《いなり》秘《ひ》文《もん》慎《つつし》み白《もう》す。

『神道大祓全集』（永田文昌堂刊）より

共時性の不思議①　高野山参拝ですれ違った若者たちとの再会

お稲荷様を祀ることになったキッカケはこのくらいにして、話を戻すことにしよう。

私は先に、「ふだんから神仏と交流ができていれば神密力が身につき、神密人間になれる。神密人間になると共時性（シンクロニシティー）がひんぱんに起きるようになる」と述べたが、神密人間になるとなぜ共時性がひんぱんに起きるようになるのだろうか。

それは、「時間、空間、人間」の三つの要素の歪みやねじれを正常にすることができるようになるので、その結果、自分に必要な人・物・情報をも呼び寄せることができるからである。

実は私自身も共時性の不思議を日常的に体験させてもらっているので、ここでその中のいくつかの事例をご紹介したいと思う。

まだ母が健在だったころ、「高野山にお参りに行きたいので車で連れて行ってくれないか」と頼まれたことがあった。その話を大阪のHさんという信者さんが聞きつけて、「私もいっしょにお参りしたいので、途中、大阪に寄って乗せて行ってもらえないだろうか」というので、Hさんと母と私の三人で高野山に出かけたことがあった。

その日はちょうど十月の観光シーズンで、しかも祝日だったために高野山はたいへんな人出であった。私たちはいつものように金剛峯寺から奥の院にお参りして、参道をゆっくり歩きながら戻っていた。

このときも往きと同じように多くの人とすれ違ったが、その中で若い男性三人組の姿を私の目がとらえた。その瞬間、「あっ、この人たちは密教系のA宗の信者だな」と感じた。三人ともごく普通のブレザーを着ていたが、もっている雰囲気に独特のもの（相）を感じ取ったのである。顔つきもどことなく普通の若者とは違って見えた。

そのことを、私のすぐ前をHさんと話しながら歩いていた母に告げると、「そんなことは（私には）関係ない」と軽く受け流されてしまった。通りすがりの人たちなど、いちいち気にしなさんなといった感じであった。言われてみれば、まったくその通りであったが、なぜかそのときは気になったのである。

それから約一カ月後の十一月中旬のことである。連休を利用して、神戸からDさんというご婦人が小学生くらいのお子さん三人を連れて来られた。午前中で相談事が済むと、子供たちは広島が初めてなので、これから広島見物をしようと思うと言って正午ごろ帰っていった。

広島バスセンター行きのバス停は我が家のすぐ近くにあるので、そこでバスの来るのを待っている様子であった。私はふと、その日は休日のためバスの便が少ないことを思い出し、「私が車で送ってあげましょうか」と母に言うと、「じゃあ、そうしてあげなさい」ということで、バス停まで追いかけていき、Dさん親子を市内まで送って行った。

その日は私もとくに予定がなかったので、ついでに広島城と原爆ドームのある平和公園を案内してあげた。平和公園を出て時計を見ると、まだ午後一時を少し回ったところだった。

「せっかく広島まで来られたのですから安芸の宮島まで行かれたらどうですか」

と提案すると、「わー、うれしい。ぜひ行きたいわ」と言われるので、その足で宮島まで送っていくことになった。ところが連休のために二号線バイパスが渋滞していて、寸刻みにしか進めず、ふだんだと広島から宮島までは三十分ぐらいで行けるものが、その日は二時間近くもかかってしまった。

宮島に着いて連絡船に乗り、例の赤い鳥居で有名な厳島神社のある宮島まで案内したのであるが、そこは観光客や修学旅行の生徒たちでごった返していた。Dさんに「この宮島の上にある大聖院というお寺は弘法大師のお寺ですから、お参りしますか」と聞くと、「ぜ

宮島大聖院波切不動堂

ひ」と言うので、そこも案内したのだった。

なだらかな坂道を上ると、そこは下の喧騒が嘘のように閑散としていた。人っこ一人いないのである。境内には波切《なみきり》不動明王というお不動様を祀ってあるので、そこに立って心を鎮めて小声でお経（真言）を唱えると、Dさん親子も私のうしろに並んで手を合わせていた。


拝み終えたときであった。かすかに人の気配を感じたので脇を見ると、若い男性が三人並んで拝んでいた。彼らは弥山《みせん》の頂上から山道を下ってきたばかりのところであった。

どこかで見たことがある顔だ。三人が拝み終わるのを待って、声をかけてみた。

「つかぬことを伺いますが、あなたがたは一カ月前、高野山の奥の院へ行かれましたか」

「ええっ、はい。行きました。どうして知っているんですか」

「参道ですれちがったので覚えていたのです。ところで、あなたたちはA宗の信者さんではありませんか」

「そのとおりです。なんでそんなことまでわかるのですか」

「あなたたちの波動でわかったのです」

そう言うと、三人ともびっくりして、波動で感知されるなんて、やっぱりA宗はすごいのだろうかと自分達に都合のいいように勘違いしたようである。

「いや、そういうことではないんですよ」

と私はそれを打ち消した。彼らも驚いたが私はもっと驚いた。そして心からお大師様に感謝したのだった。なぜなら高野山のお大師様は霊的にはここ（広島の大聖院）のお不動様のネットワークによってお不動様に連絡してくださり、その日、私に不思議な体験をさせてくださったからである。

この一部始終をDさん親子がそばで見ていた。お母さんのほうは唖然としていた。そこで私はDさんに、

「今日は不思議な体験をさせてもらいました。これもあなたたちのおかげです」

と礼を述べた。そもそもDさんたちが広島に来ていなかったら経験できなかったことだからである。最初は平和公園まで送っていくつもりが、こうやって宮島まで足を伸ばし、この寺まで上ってきた。そのおかげでこういう不思議を体験することができた。つまり、いろいろな要素が重なって一つの結果が生まれたのである。

「人」と「時間」と「空間」の三つの要素が意味をもってつながったときに、こうした不思議な現象が起こるのである。読者の皆さんもこうした不思議体験はどなたもお持ちかと思うが、私の場合、母が健在中も他界したあとも実に多いのである。

その若者たちとは、その日は住所と電話番号を交換して別れた。ところが、後日、「信仰の話をしたい。先生のお母様にもお目にかかりたい」と言って、仲間を十数人ともなって関西方面からマイクロバスで我が家を訪ねてきたのである。

彼らが信仰しているA宗およびその教祖は既成の仏教界からはとかく批判されており、私もそのことをよく知っている。そこで教団の教義や教祖のどんな点が批判されているのか、そのことについてもかなり突っ込んで説いてみた。

しかし、いったんかけられたブレインウォッシング（洗脳）はなかなか解けるものではないようである。私の話には相槌を打ちながらも、彼らのマインドコントロールを解くまでには至らなかった。彼らはまだ若い。これからさまざまな人生経験を積んで、そのなかで何が真実で、何が間違っているのかを自分の力で学び取っていってほしいと思う。

共時性の不思議② 二葉山ハイキング途中のタイムリーなメッセージ

共時性に関する不思議体験はいろいろあるが、次の話もいま思い出してみても不思議でならない。

母の二冊の本（『霊界の秘密』『神霊界の真実』）がおかげさまで広島市内の大手書店の宗教コーナーに、刊行以来ずっと平積みになっているので、私はときどき発売状況をチェックに出かけているのであるが、ある日、母の本の隣にあった『風水入門』という新刊書が目にとまった。

ふだんから風水には興味があったが、書物を買って勉強したことはなかった。手に取ってページをめくってみると、「広島でもっとも気の流れのいいところは二葉山である」というようなことが書いてある個所があった。

広島の二葉山のことが登場しているので、どんな人が書いたのだろうかと著者のプロフィールを見てみると、案の定、広島の人で、広島駅の裏あたりに住んでいることがわかった。そこなら確かに広島市内がほぼ見渡せて風水研究にはもってこいの位置である。

面白そうなのでその本を買って帰ることにした。

何回も本をめくっているうちに「広島一の気の流れがいい」という二葉山に行ってみたくなり、ある秋の日、信者さんの何人かに声をかけたところ、「ぜひ同伴させてほしい」という答えが返ってきた。そこで、できるだけみんなの都合のいい日を選んで出発の日を決め、数日後、出かけることになった。

二葉山の近くには三十年くらい前に一度だけ行ったことがあるが、そのとき見晴らしのいいところに喫茶店があったことを思い出した。昼食はそこでしたらいいかなと思い、店の名前を思い出そうとしたが、なかなか思い出せない。それに三十年も経っているので、果たしてその店が今もやっているのかどうかも定かでなかった。

そのことをずっと考えていたが、思い出せないまま当日を迎えてしまった。信者さんたちとは午前十一時にJRの新幹線口に集合する約束をしていたので、家の前からバスで西広島駅まで行き、そこから在来線の電車で行こうと考えていたが、集合時間に遅れそうになったので、急遽、タクシーを呼ぶことにした。

「西広島駅までお願いします」

読みかけの朝刊を片手にタクシーに乗り込み、行き先を告げてほんの数秒後、同じタクシー会社の別の運転手から無線の声が入ってきた。行き先の道順がわからないため本社に問い合わせているらしい。その話を、新聞を読みながら聞くともなく聞いていると、

「ええ、そこはですね。若草町（別のタクシーが走っていたあたりの町名）の通りから入って、坂をずっと上って行きますと、右手に山根町の第一女子高校があります…」

本社からの業務連絡の内容は、これから行こうとしている地名と道順をその別のタクシー運転手に報告している様子であった。

次の言葉を聞いたとき、私は思わず息を呑んだ。

「そこをさらに上って行くと『板木《ばんぎ》』という喫茶店があります」

私がずっと思い出せずにいた喫茶店の名前は、その板木だったのである。まさに天が私に教えてくれたのだ。「そう、そう」というように私がうなずいていると、不思議に思ったのか運転手さんが「どうかされましたか?」と聞くので、

「いまの無線のやり取りを聞いておりましたが、実は私も今からそちら方面に行くところ

二葉山・仏舎利塔

なんです。無線のやりとりの中に出ておりました店の名前を思い出せずに昨日からずっと考えていたところを、会話を通して教えてもらい、びっくりしているのです」

と、その訳を話すと、「それは不思議ですね」と運転手さんも驚いた様子であった。広島市一円には数百軒もの喫茶店があるというのに、よりによって「板木」の名が突然出てくるとは…。

この話は信者さんたちと合流してもすぐには話さず、昼食のときに店で食事をはじめた段階で話すことにした。目的は二葉山に登ることなので、それ以外のことで気持ちをそらさないほうがよいと考えたからである。

山の中腹までは登ったことがあったが、頂

上に登るのは初めてであった。

頂上には銀色の仏舎利塔が建てられていた。いわれを書いた看板によると、昭和四十五年に広島市の仏教界の人たちが原爆の平和祈願のためにインドへ行き、お釈迦様の舎利（ご遺骨）をいただいてきて、ここに祀ったという。

塔には、なんとお釈迦様の像がかかげてあった。私は思わず合掌して、

のうまくさまんだ
ぼだなんぼく

と釈迦如来真言を三回唱えた。そして、

「今日はお釈迦様のお導きとお計らいで、不思議な体験をさせてもらって、今ここに来ております。ありがとうございました」

とお礼を述べたのであった。そのあとみんなで山を下り、昼食をとるために迷うことなく「板木」へお連れすることができた。食事にかかる前に、先ほどのタクシーでのいきさつを話し、必要な情報を必要なときに与えてくださる神仏のお導きとお計らいのありがた

さを共に感謝し合ったのだった。

共時性の不思議③　絶妙なタイミングで神主に会う

三つめの事例は母が亡くなって間もなくの出来事である。

先にお話したように母の葬儀は不動院（仏式）と自宅（神道式）で行なっていたので、翌年は仏教では「一周忌の法要」を、神道では「一年祭」をすることになった。四月末から五月にかけては連休や祭日が多いので、不動院の住職には早めに予約を取っておかなければと思い、年末に予約をして翌年の四月に無事に法要を済ませることができた。

しかし、まだ自宅での神道式のほうは神主の予約が取れていなかったので、不動院での法要のあとも、そのことが気がかりになっていた。予定日まであと一カ月たらずだというのに…。

不動院の住職に法要のお礼のあいさつに行こうと思っていたところ、ちょうど不動院から薬師如来の大祭の案内状が届いていたので、せっかくなら祭りの期間中がいいと思い、五月三日に寺を訪れた。（薬師如来・眞言・おん、ころころ、せんだり、まとうぎ、そわか）

祭りではいろいろなイベントが催されていたが、住職にあいさつを済ませると早々に寺を引き上げた。

モノレールに乗り、県庁前で下車すると、先ほど不動院で見かけた信者さんとバッタリ出会い、「お茶でもどうですか」「じゃあ、そうしましょうか」ということになり、県庁前のホテルのグランドフロアーにある喫茶室に立ち寄った。

室内はかなり混んでいて、私たちは窓際の隅に通された。その位置からは室内がよく見渡せた。コーヒーを飲みながら広いフロアーを見回していると、室内の中央あたりの円卓に男性が七、八人座っているのが目に入った。一人だけ白衣、袴の白装束を身につけていた。

「あそこに住吉神社の宮司さんが座っておられますよ」

と、その信者さんが教えてくれるまで気がつかなかったが、何とその人は私が早く祭事の予約を依頼しなければと思っていた宮司さんだったのである。

「ええっ！」

驚いて、その白装束の男性に目をやると、先方も気がついたらしく、私より先に立ちあがって、こちらに近づいてきた。そしてなんと、

「浅野さん、そろそろ一年祭ではないでしょうか」

と私がお願いする前に、そのことを聞いてきたのである。

「実は早く予約しなければと気になっていて、ご都合を聞こうと思っていたところなのです。五月二十九日はどうでしょうか」

「ああ、大丈夫ですよ」

と、その場で快諾を得たのである。まさに共時性であった。

宮司さんには私のほうから連絡をしなければと思っていたところに、偶然にも出会い、しかもその場でアポイントを取り付けることができたことは、不動院からの帰りだっただけに、何か見えない力が時間と空間を采配しているのではないかという思いを強くしたのであった。一見、偶然にも見える事象であるが、実は偶然ではなく、私が自分に必要な要因（この場合は宮司さん）を引き寄せたのだと確信している。

先の「板木」という店の件もそうであるが、私は良い意味で神様、仏様にコントロールされているような気がする。

こうしたラッキーな現象とは対極に、故意か過失かわからないが、見えない世界から災いを受ける人もいる。先ほどの因縁話の事例でも見てきた「霊障」がそれである。

先にも述べたように、ふだんから神仏と交流ができていれば神密力が身につくようになり、プラス因縁とマイナス因縁をうまくコントロールできるようになる。すると目に見えない世界から自分にとって必要な人、物、情報も、自分にとってプラスのものだけが寄ってくるようになる。共時性という現象がまさにそれである。

私は縁あって母の代から神仏への信仰をさせていただいているので、こうした現象をひんぱんに経験させていただいている。ありがたいことだと感謝している。

「四国八十八カ所札所巡り」で起きた不思議

次の話はとくに私個人の共時性に関するものではないが、こういう不思議なこともあった。それはM君というすがすがしい好青年の話である。

信者さんの中には旅に出るとき、私のところに寄ってアドバイスをもらってから出かける人が多いが、M君もそうした一人であった。

ある年の春四月、彼は思うところがあって、数年間勤めていた会社を辞め、自分をもう一度見直すために「四国八十八カ所札所巡り」をしたいという。

私はM君の話を聞き、彼のために拝んだ。そしてお大師様から伝えられてきたメッセージを彼に伝えた。それは「今回の旅では必ずなにか一つ不思議を見せられるでしょう。きっとあなたの生涯にとって大切な出会いがあるでしょう」というものであった。

「そうですか」

M君はうれしそうに目を輝かせながら帰っていった。

それから一ヵ月あまりが経った。M君は今ごろどうしているだろうかと思っていると、彼から電話がかかってきて、うれしい知らせを伝えてくれた。

「先生の言われたとおり、信じられないような不思議なことがありました」

電話の向こうで彼がやや興奮しているのが、声の調子でわかった。彼の話によると、こうである。

四国遍路の旅に出てから一ヵ月が過ぎたある雨の日の朝、六十四番札所を出て、国道十一号線を歩いていると一人の若い男の姿が目に入った。その青年は菅笠を金剛杖にひっかけ、頭上に掲げていた。こんないでたちでヒッチハイクを敢行している遍路に会ったのは初めてであったので、とても印象的であった。その青年と一言だけあいさつを交わして通り過ぎ、しばらくして振り返ってみると、彼はまだそこに立ったままだった。通過する車が少ないうえに、通りかかった車もなかなか停まってくれないようだった。

M君は朝から何も食べていないことに気づいて、雨を避け、民家の軒先でパンを食べていると、ヒッチハイクがだめだったのだろうか、先ほどの青年が前を歩いて通り過ぎていった。

腹ごしらえをしたところで、また歩きはじめると、先ほどの青年が立ち止まって車を待っていた。なかなかしぶとい男だなと思いながら声をかけてみると、気さくな人柄であることがわかった。

意気投合したところで、いっしょに少し歩きながら話をしてみると、驚いたことにその青年O君は広島市から来ていた。しかもM君と同じ大学、同じ学部の同級生であったことがわかったのである。

同じ大学で四年間も過ごしながら、そのときは縁がなくて顔も名前も知らなかった二人が、はるかはなれた四国遍路の旅の途上で出会うとは…。巡り合いの不思議を思わざるをえなかったという。

M君は自分が仕事を辞めて遍路に来たことを話すと、O君も大学卒業後は紆余曲折があったことなどを気楽に話してくれた。

雨足がさらに強い音をたてはじめたので通りがかりのバス停で一服し、目の前の国道をひっきりなしに走り去っていく車を二人でぼんやり見送っていた。世間はせわしなく動いているが、二人はゆったりと流れる時のなかで雨足がゆるむのを待っていた。雨が小ぶりになったので先に進むことにし、二人は「納め札」を互いに交わして別れた。

遍路の旅を終えて広島に帰ってから、しばらくしてM君のもとに一通の手紙が届いた。それはO君からの便りであった。わずかなスペースのハガキの書面には、遍路体験からにじみ出たO君作のすばらしい詩がびっしりと綴られていた。

●同行二人

噂に違わぬ　遍路ころがし
自分を試すかのような　登りがずっと続く
土色の坂　肌を差す　木漏れ日
そして励ましの　お札をいただいた
先人たちは　何を背負い　この坂を歩いたのか

路傍にたたずむ　お地蔵様は
すべてを知っているのかい
自然と自分の向き合いが続いて
不安な夜を　どれくらい過ごしたのだろうか
隣に誰かがいると　うれしい久万の山路
おもわず手を合わせて　南無大師遍照金剛
苦しみから　生きる喜びへとつなぎ止めて祈ろう
路上でヒッチハイクをして立っていた彼
共に歩こう　どしゃぶりの雨の中を…　（完）

●遍路、そしてそれから…

ペダルを漕ぐ音が潮風に溶けていく
来島大橋の夕暮れ
あまりの絶景におもわず足を止め

ひとり橋の真中でたたずむ
空、海、島、一人
すべてが金色に染あげられて
遍路での様々な思い出が　鮮やかに蘇ってくる
寂しくて朝日を待ち焦がれた野宿で
擦り切れた金剛杖を頼りに眠る
手づくりのおむすびを　ほおばり噛み締めた
お接待に感謝した　大岐の浜
空、雲、風、海
すべてが僕を支えてくれた人々の
暖かな眼差しが　鮮やかに蘇ってくる
やさしさに触れて　心も洗われ
汗にまみれたTシャツと
四国で得たもの
大切な心

それは　心を尽くし　志を高く
一歩　踏み出すことさ
ペダルを漕ぐ音が　潮風に溶けてく　（完）

今ではM君もO君も就職し、新たな道を歩きはじめた。それ以降、二人が親友になったことは言うまでもない。

これもお大師様の霊験と感謝するばかりである。そもそもM君もO君も「お遍路に出たい」と発願したときからお大師様にその真摯な気持ちを受け止めていただいたのであった。さらにお大師様は、二人が一四〇〇キロの全行程をまさに終えようとしたときに、思いも寄らないすばらしい出会いを用意しておいてくださったのである。

M君の報告を聞きながら、あらためてお大師様の偉大なお力に驚くとともに、私もお大師様に心から感謝したのであった。

南無大師遍照金剛　合掌

第五章　あの世からのメッセージ（I）

霊障の意味と脱出法

私たち人間は大宇宙の「輪廻の法則」に組み込まれ、生成・変化をくり返している存在である。霊魂は不滅であり、人間は転生するという考えは、古来、仏教では常識的な考え方であり、仏教を信じる人たちはその考え方を当然のこととして受け入れてきた。にもかかわらず、現在日本の仏教界においては霊魂の存在を認めない僧侶が多いのはどういうことだろう。

それはともかく、私たち人間に与えられたこの世における最大の使命は「自己を高め、魂を浄化させる」ことに尽きると言えるのではないだろうか。この根本的な使命に気づかず、いたずらにお金や物、あるいは名誉に執着し、魂を磨かないままにあの世へ旅立つ人が多い。

すでに述べたように、いのちは親から子へと受け継がれる。それゆえ新たに誕生した子供のいのちには、両親はもとより祖父母などの先祖の血が流れ、その人たちが過去になした良いことも悪いことも因子として受け継がれていく。これが因果の法則である。

お金や物、あるいは名誉に執着するあまり、魂を磨かないままにあの世へ旅立った人は、好むと好まざるとにかかわらず、その因を子孫に残すことになる。それが輪廻の法則に組み込まれ、生成・転生をくり返しているわれわれ人類の宿命であり、誰一人としてその宿命から逃れることはできない。

したがって、もし自分の身の回りに起こった苦しみや悩みが自分に原因するものではないと感じた場合は、自分に縁の深い故人（子供［若死や水子はいないか］や両親、祖父母など）の生活行為を調べ、因縁のもとを探ってみる必要がある。因縁がわからなければ解決法もわからないからである。

因縁のもとには大きく分けて、次のようなものがある。

①感情的因縁

夫婦不仲、親子断絶、暴力行為、怨み・憎しみなどによって教えられる。

②物質的因縁

事業の失敗、財産の損失、事故・病気などの形をとって教えられる。

③霊的因縁

不純な男女関係や色情欲による生霊、または水子・先祖などの供養不足による死霊などによって教えられる。

以上のような現象は、先祖がつくった「因」を両親の「縁」が受け継ぎ、私たちに「果」としての「苦しみ・悩み」という形で示し、真の解決を求めているのである。

いつの時代も人間はさまざまな苦しみや悩みをもって生きてきたが、その中で、「なぜなのか?」と理由や原因を考え、改め反省することで進歩発展してきたことも事実である。このことをお釈迦様は「真理」あるいは「悟り」と表現されているが、これがいわゆる「苦の起因」である。

しかし、この世でどんなに苦しみや悩みや不幸が多くあろうとも、私たちは人間に生まれてきたということは、まぎれもなく先祖のおかげであるから、そのことに感謝し、生きているあいだは自己の魂の浄化・向上につとめ、子孫のためにも少しでも良い「因」を残してやろうとする。それが人情というものである。その思いはあの世にいる私たちの先祖もみな同じはずである。

子孫の幸福と繁栄を願わない先祖は一人としていないのである。そういうことがわかれば、「霊障」と言われる現象も、すべては「子孫に良くなってほしい。そのためにはこういうことを改めてほしい」と気づきを与えているものだと受け止めることができるのではないだろうか。

そして宇宙の法則もここにある。「宇宙の本願」ともいうものは、「すべての人間が幸福になる」ためにあるのである。これを古来より宗教家たちは「大日如来の本願」、「神の愛」という言葉で教えてきたのである。

正しい信仰を行なうことは、神仏との交流を通して宇宙の法則（大日如来の本願、神の愛）を忘れないためであり、宇宙に見守られ生かされているという感謝のもとに進化・成長していくためである。

そういうことがわかっていれば、「霊障」といわれる現象も自己の魂の成長に必要なこととして受け止めることができるし、霊障を自分に与えている人に対して「気づき」を与えてくれたことを感謝し、さらに「良くなる」ようにつとめることができるのではないだろうか。

ただ問題は、苦しんでいる人が何ゆえに苦しんでいるのか、その原因（多くは先祖などからの因縁による）を明らかにし、その解決法を指導してくれる信頼のおける第三者に出会えるかどうかということである。

私の母であり信仰の師でもある浅野妙恵は、巷の宗教家としてその生涯のほとんどを人様の悩みや相談事の解決のために捧げ、多くの方々に愛され親しまれてきた。母亡きあと、その後を継ぐ者として私自身も微力ながら母同様、皆さまのお手伝いをさせていただいている。

ここにご紹介するいくつかの事例は、そうした信仰活動のなかで出会った多くの方々の体験談であり、それはまただれにでも起こりうる事象でもある。これらの事例を通して「あの世の存在」や「因縁の不思議」に気づき、「正しい信仰」がいかに大切であるかということに気づいていただければ幸である。

事故死のあと毎日、社員寮を訪れる青年の霊

最初の事例は広島市内にある大手電気工事会社の社員寮の賄婦《まかないふ》をしているAさんという信者さんの体験談である。

Aさん自身も寮内に住んでいるのであるが、ある日の午後、久しぶりに来られて母としばらく信仰の話などしていた。話がはずむにつれて、最近、彼女の身辺に起きたという不

思議な話をはじめたのであった。

ある日、Ａさんが自室の戸をあけると、そこに無言でじっと座ったまま中に入って来ない青年がいた。その青年はこの会社の社員であったが、数カ月前、ドライブ中に事故死していたというのである。

「あなたは怖くはないの？」

母が聞くと、怖くはないが、そういうことが毎夜続くので寮の社員にも話したところ、彼らもしばしば見ていたということであった。

青年の葬義はきちんととり行なわれ、仲間の社員らも出席してお別れをしていたし、家族としてもじゅうぶん供養はしていたが、その後しばらくそのような状態が続くので親元に話して追善供養をしたところ、それからは現われなくなったという。ちなみにこの青年は、生前、自宅から通勤していたが、この寮によく遊びに来ていたそうである。

「まだまだ同僚と同じように、この会社で働きたかったのでしょう」

母はこう言いながら、その信者さんと目を合わせて何度もうなずいていた。

一般にこのような話は、それを見た人の幻覚や錯覚として片付けられてしまうのが普通であるが、今回の場合、寮のほとんどの人が、だれの霊なのかもはっきりわかる形で見ているので、見えない世界の存在を証明することができる例といえる。

事故死や突然死の場合は、瞬間にあの世に行ってしまうために、亡くなった人は自分に起きたことが把握できず、まだこの世で生活していると思い込んでいることが多い。それゆえ型どおりの葬式をしただけでは成仏させてあげることができないので相当の供養が必要である。

霊能力のある人にお願いして、「あなたはもうこの世の人ではない」ということを悟らせ、あきらめさせるまで根気強く説得してもらうのも一つの手段であるが、そうした人に頼るだけでなく、亡くなった人の家族が心をこめて、「どうか安らかに成仏しますように」と念じ、ひたすら故人の霊を慰めることがたいせつである。

「あきらめる」とは世俗的には消極的な言葉であるが、仏教的には成仏するための効果的な方法である。亡くなった人は自分の置かれた立場を認め、納得してあの世に行けば成仏できるが、この世に未練、執着、怨念などをもっていると、魂をこの世に残してしまい、この世で生きている人と同じように生活をしたいと願う。これが霊の本質である。そういうことを理解していれば、亡くなった人の霊を丁重に供養することがいかにたいせつなことであるか、わかるはずである。

死後も恋慕する片想いの男性の霊

人が人を純粋に恋することは、とてもすばらしいことである。だが、あまりにその思いが激しく深いと、そのままの気持ちで亡くなった場合、こだわりやとらわれの心をあの世までもって行くことになる。これからお話しする事例は、そのような純粋すぎる心の持ち主の話である。

九州地方のある寺での出来事、この寺は老僧夫婦と後継ぎの息子、それに娘の四人家族で、娘は隣町のI家に嫁いでいた。I家は私の遠い親戚にあたり、ふだんは特別な交流はなかったが、それでも母は兄嫁の妹の嫁ぎ先ということで文通はしていたようである。

ある日、I家の息子夫婦が訪ねてきた。相談にのってもらいたいということであった。話を聞くと、実家の寺から来た嫁は体調を崩し、いくら医者に診てもらっても治らない。困り果てて整体や鍼灸などの東洋医学にも頼ってみたが、それも一向に効果がない。もう頼るところがなくなったというので、ここに来たという。

母が拝むと、すぐにお告げが出た。

「あなたの実家はお寺さんですね。本堂の隣が庫裏になっていて、その前が玄関で庫裏との間に広い土間がありますね」

「はい、そのとおりです」

お嫁さんは実家がお寺なので、それなりに因縁はもっていると思われる。だが、日ごろから信仰をされているからであろうか、母のお告げに不審を抱く様子もなかった。

「その土間のところに男の人がずっと立っています。心当たりはありませんか」

「ありません」

「この方はだれでしょうか。あなたのお母さんに恋をしていて、結婚したかったが、お母さんが別の人と結婚してしまったと言っていますよ」

この男性は老僧（つまりこの相談者の父）の戦友で、前々から秘かに老僧の妻（相談者の母）に恋をし、結婚を強く望んでいたが、お母さんのほうはそのことに気づかず、僧侶と結婚してしまったと言っているようである。

「願いが叶わなかったこの方は、いまだにあなたのお母さんへの思いを断ち切ることができず、そこにずっと立っていると言っています。帰ってお母さんに聞いてごらんなさい」

お嫁さんはすぐさま実家に帰り、この話をお母さんにしたところ、そういう人は確かにいたが、自分はその人とは結婚するつもりはなく、はじめからお父さんと結婚するつもりだったという。つまりこの男性は片想いであった。だが、その思いを断ち切れず、いまだにそこに立ち尽くしているのである。そのことがわかれば、すぐにもその人を本来の場所である天上界へ帰さなければならない。

このような場合は、お経をあげ、その人の霊に向かって、「本来のところへ帰りなさい」とよく言い聞かせ、諭さなければならない。その場合も個人差があり、すぐに天上界へ行ける人とそうでない人がいる。病気やけがでいえば、かすり傷ならすぐ治るが、進行した癌は治りにくいのと同じである。

天上界へすぐに行ける人とそうでない人のちがいは、その人がどれだけ「とらわれ」や「こだわり」をもっているかによる。こうした心がこの世に未練を残すことになるのである。

この世におけるとらわれ、こだわり、怒り、執着などの心が強いと、あの世に行っても同じことをやってしまうことが多い。あの世にいる本人は〝酔っ払い〟状態にあるので、自分の今いる場所がわからないわけであるから、供養をする前にまず目を覚ましてやり、今いる場所をはっきりわからせるように説得しなければならない。

このようなとき母はいつも、「あなたはもうこの世の人ではないでしょう。未練や執着を捨てて霊界に帰りなさい」と、生きている人を諭すように話しかけていた。そして、「あなたのためにお経を差し上げます」といってお経をあげるのだった。

お経をあげると、その波動が霊に伝わり、霊の迷っている思いがすっと消えてしまう。それだけでなく、お経を唱えるところには常に仏様が現われ、霊を天上界へ連れていってくれるのである。

一般の人はお経をお坊さんに任せっきりであるが、本来は霊の前で身内の人が手を合わせ、自ら差し上げるのが、霊がいちばん納得する方法である。たとえば子供の養育や教育についても、専門家のほうが上手だから、あるいは忙しいからといって、ベビーシッターや家庭教師に任せっきりの人がいるが、子供にしてみれば親のほうがいいに決まっている。しかも親とのスキンシップが子供の心に安心と癒しをもたらすのである。

霊もこれとまったく同じで、お坊さんはあくまでも仲介役であり、やはり身内の人が心を込めてお経をあげてあげることが最良の方法である。

母や私がやっているようなこと、すなわちいろいろな悩み事の相談相手になったり、迷える霊を供養してあげることなどは、本来は僧侶がすべきことである。檀家の人たちの悩みや相談事に親身になって耳を傾け、的確で心のこもったアドバイスを与えたり、迷える霊を供養してあげることが彼らの本来の役目であるが、今ではそういうことをしている僧侶が、この日本に何人いるだろうか。

それはともかく、その片想いの男性は成仏されたのであろう、間もなくお嫁さんの体調はすっかり回復した。

寝室の窓辺にたたずむ見知らぬ男性の霊

母が亡くなる一年半ほど前のこと、ある異業種交流の会合に出席した私の隣に五十代半ばのMさんというご婦人が座り、私の顔をそっとのぞきこむようにして、「失礼ですが、お医者さんですか」とたずねられた。

その会には毎回、いろいろな職業の男女が数十人ほど集まるのであるが、出席者の一人がみんなの前で私のことを「医学に詳しい人」と紹介したので、Mさんはてっきり私が医者か医療関係者と思ったらしい。

私は「いいえ、ちがいますが…」と答えたが、彼女はこの二、三年間ずっと体調をくずしており、病院を転々とするが原因がわからず、いろいろな薬をもらって飲んできたにもかかわらず一向によくならないなど健康上の悩みを私に訴えた。

その症状は自律神経失調症に似ていた。といっても、以前、私はカウンセリングをしていたことから、なんとなくそう感じたまでで、実際の病気が何であるのかわからなかった。

会合の性質からいって、信仰や宗教の話題はつとめて避けるようにしていたので、そのときは自律神経失調症特有の症状などを話すにとどめ、それ以上の話はあえてしないまま別れた。

それから三カ月後、同じ会合で再びMさんと会った。そのときはお互いかなり離れたところに着席していたが、Mさんは席を離れて私のところにやって来て、一向に好転しない病状などを訴えて来られたので、「これには因縁がありますね」と、初めて宗教的な話をしたのだった。

実は三年前、彼女のご主人は持病が悪化したために、イギリスに渡り、ロンドンの病院で手術を受けたが、回復することなく現地で亡くなられたという。

「それはお気の毒ですね。ご主人のご供養はしっかりされていますか」

と私がたずねると、Mさんは、

「私たちは在日韓国人ですから、お墓参りはしていますが、風習のちがいから仏壇はもっていません。お墓参りだけではいけないんでしょうか」

「もちろん墓参りをすることは結構ですが、できたらご自宅で線香、ローソク、お茶などを供えて手を合わせてご供養されるといいですね」

さりげなくアドバイスさせてもらって、その日はそれで別れた。

その夜、家に帰ると、病床にあった母がベッドの中から声をかけてきた。

「先ほど、そこの廊下のガラス戸のところに、背の高いがっちりした体格の男が立っていたが、しばらくして消えてしまったよ。見たことがない顔だったが、どうも向こう（韓国）の人のようだった…」

というのである。霊界との交流を長いあいだ行なってきた母にとっては、どのような霊体であろうとも怖くはないが、私はいささか心おだやかならざるものを覚えた。

「連れてきたな！」（というよりも彼のほうが先回りして来ていたのだった）

とっさにそう感じたが、母にはMさんの話は伏せておいた。

それから一カ月後、三回目の会合のときに、ご主人の風貌についてMさんに確かめてみた。

「ご主人は背が高く、がっちりした方でしたね」

「どうしてご存知なんですか」

「実は私の家に来られたのです」

彼女の驚きようはたいへんなものであった。私たちの会話をそばで聞いていた会の参加者たちは、「先生、またまた冗談を…」などと言いながらも、「Mさんが先生に悩み事を相談するので、ご主人が焼きもちを焼いて出てきたんじゃないの」と揶揄する者から、「供養してもらいたいから、わかってもらえるところに現われたんだろう」という者までいろいろだった。

Mさんはハッとした表情をして、「主人は浮かばれていないんじゃないでしょうか」と私に聞いた。どうやら気づかれたようである。

「成仏されていませんね」

と私が答えると、

「そういえば、台所で炊事をしていると、玄関が開いて二階へトントンと上がっていく足音がするのです。息子かなと思っていると二階の部屋にはだれもいないのです。昔、主人の部屋でしたから、今でも出入りしているのでしょうか」

「そうですね。ご主人の霊を祀っていないために拠り所がないので、拠り所がほしいと知らせているのです」

Mさんはしんけんな顔して私の話を聞いていたが、それ以来、彼女と会うことはなかった。お互い「会わない」、「会えない」ということは、すでに私の役目が終わったということだろう。

会合の席でたまたま私の隣に座ったMさんは、無意識の内に私との縁を求め、自らの体の不調を訴えることで、ご主人からのメッセージを私に伝えたのであった。しかし多くの人は体調不良、あるいは事故や事件に巻き込まれても、それが見えない世界の因縁によるものとは理解しない。そのために見えない世界（あの世＝霊界）の人たちは母のような霊能力のある人を頼りに、あの世での自分の境遇をわかってもらおうとするのである。

その後、人づてに聞いたところではMさんは仏壇をしつらえてご主人の霊を祀り、日々しっかり拝んでいるそうである。仏壇をしつらえて故人の霊を祀ることはたいせつであるが、仏壇はあくまでも物理的な形にすぎない。大事なことは「祈る」という供養の念である。

たとえばテレビは画像が映る箱がなければ見ることができないように、供養の念も祀る場（仏壇・神棚）がなければ行動に移さないものである。たとえ形にすぎなくても、仏壇・神棚があれば活用しようと思うものである。

仏壇・神棚は人間界と神霊界との交流の場であり、インターネットでいえば先祖や神仏とつながる端末機である。その端末機を活用することで私たちは先祖や神仏と交流（アクセス）することができる。人間が神仏と交流できれば、神仏はあの世の霊体もこの世の人間も守ることができるのである。

ドライブ中、若い女性に憑依した子供の霊

ある日の夜八時ごろのこと、あわただしく自宅の玄関のドアをたたく音がした。こんな時間にだれだろうと思って、「どちらさんでしょうか」と聞くと、若い男性の声で、「Kです。安芸郡のKです」という返事が返ってきた。以前、ここに訪ねてきたことがある青年である。

「ちょっと待ってください、鍵をあけますから…」

と言ってドアを開けると、いきなりK君が飛び込んできて、「幽霊が出たんです！」と青

ざめた顔でいうのである。玄関にはもう一人男の子と、意識が朦朧としてまるで夢遊病者のようにフラフラしている女性がいた。彼女はAさんといい、高校二年生であった。Aさんの様子が尋常でないので、いったい何事かと思い、上がっていただいた。

K君らの話を聞くと、Aさんに霊が憑依しているというのである。これは大変なことだと思い、とりあえずお経や祝詞をあげて神仏にごあいさつをしたあと、Aさんに何が憑依しているのか呪文（真言）を唱え、まさに隠陽師のスタイルで見てみた。

するとAさんは自分が小さい子供であることを示すように体をかがめて、「帰るところがわからないの」というのである。

「あなたはだれですか。名前は？」

「カナコです」

そのしゃべり方から推察すると、六歳ぐらいの女の子のように思われた。

近くの森に差しかかったあたりで急にAさんが「気分が悪い」というので車を止めてしばらく休んでいたが、どうもAさんの言動に異常が見られたので、「もしや！」と思って私のところに連れてきたというのである。

ともあれ、Aさんを正常に戻さなければならないので、憑いているカナコちゃんという霊に問いかけてみた。六歳前後の女の子の霊ということもあり、悪霊のような性質（たち）の悪い波動を受けなかったので、私自身は危機感を感じることはなかった。

「どこにいたの？」と聞くと、「森の中にいた」というので、「じゃあ、今すぐそこに帰りなさい」といって、今までいたところに戻るようにやさしく諭したのだった。そして、「Aさんの体からも去りなさい。私がここでお経をあげて供養してあげるから、とりあえず元のところに帰りなさい。わかりましたね」というと、「うん」とうなずいた。

それから再び呪文（真言）を唱え、気合いを入れてAさんを覚醒させた。

まもなくAさんはしっかりした顔つきになって、目も生き生きとしてきた。そこで彼女に、それまでにも今回のような体験をしたことがあるかどうか聞いてみたところ、初めての経験だという。実際、Aさんは自分の身に起きたことをまったく理解できていない様子だった。

実はK君はお母さんとおばあちゃんが古い信者さんで、三年前、彼が中学三年生のときに受験の合格祈願のために三人で来られたことがあった。彼は私のところから車で一時間ほどの所に住んでいるので、ここまでの地理が定かではなかったらしいが、Aさんの状態が尋常でないことに驚き、ふと私のことを思い出して、暗い夜道を車を走らせてきたということであった。

今回は幸い事なきを得たが、一つ間違えれば霊の力に引っ張られて大事故にもなりかねない出来事であった。

私は原因を推測してみた。八坂ダムから森に差しかかったあたりで急にAさんの気分が悪くなったということであるが、その周辺にはかつて集落があり、民家やお墓もあった。それがダム建設のため村人たちは転居し、家やお墓はすべて水没してしまった。村のみんながいなくなり、置き去りにされた幼い霊が淋しさのあまり、年齢にはちょっと差があるが、たまたま波長の合うAさんを見つけて憑依した。そういうことではないだろうか。

霊は肉体をもたないために、生きている人間に取り憑いて、自分の願いを形にしようとすることがあるので、もしも霊に憑依されたと思われるときは、力のある霊能者に相談し、適切な対処をしてもらうことをお薦めする。

三人が帰る間際、私は「霊がさまよっているような場所にはできるだけ立ち寄らないように」と注意をうながす一方で、「どうしてもそのような場所に立ち寄らざるを得ないような場合は、神仏に守ってもらわなければなりません。そのためにも平素から正しい信仰を行なってください」と、信仰のたいせつさを説いたのであった。

小泉八雲（ラフカディオ・ハーン）ゆかりの出雲路で雪女とニアミス

これは私自身が体験した話である。母がまだ元気だったころ、私は母と毎年、奈良の生駒山・宝山寺や広島の三鬼大権現などへ初詣に出かけていたが、その年はたまたま私一人で島根県の出雲大社に行くことになった。翌日に大事な会合が控えていたので日帰りの予定で出かけた。午後二時ごろのバスに乗れば、そんなに遅くない時間に広島に帰り着けるという計算であった。

出雲大社は初詣の人でごった返していたが、お参りも無事に済ませ、時計を見ると、まだじゅうぶん余裕のある時間帯であった。ゆっくりとバス停に向かっていたちょうどそのときである。晴れていた空が一転、にわかにかき曇り、あっという間に大雪になってしまった。

道路は初詣の車で渋滞しているうえに大雪が重なり、バス停にたどり着くまでに時間がかかってしまい、ついに午後七時半の広島行き最終便にも乗り遅れてしまった。

なんとしても今日じゅうに広島へ帰らねばならない。そうだ、ヒッチハイクをしよう。

若いころ海外遊学をしていたとき、ヨーロッパ各国をヒッチハイク旅行した経験があることから、とっさにヒッチハイクのことがひらめき、すぐさま広島方面へ向かっている車を探しはじめた。

穴道湖《しんじこ》を目の前に、松江へ向かう国道九号線と広島方面へ向かう五十四号線が交差する角に立って、ひたすら車が来るのを待っていたが、正月の深夜ということもあってか、その日は人も車もほとんど通らないのである。

気がつくと、すでに深夜になっていた。雪は相変わらず降り続き、一向に止む気配がない。

夜、十一時を少し回ったころ、松江とは反対方向の出雲市側から人影らしきものが、こちらに向かって歩いてくるのが目に入った。私のいるところから数百メートルはあったろうか。

こんな真夜中に、なんのために…。この時間帯だと地元の人ならタクシーを呼ぶか、家の人かだれかに車で迎えに来てもらうはずである。不審に思いながら私はその人影を見つめていた。

だんだん近づいてくるにしたがって、その姿がはっきりしてきた。それはなんと二十三、四歳ぐらいの若い女性であった。白いフードを頭からすっぽりかぶり、真っ白いコートを着て、目線を斜め下にずっと落としたままだった。

やっと見つけた人影である。行く方向が同じなら「旅は道連れ」だ、ぜひ同行したいと思った。だが逆方向の可能性もあり、しかもだれもいない真夜中である。私の姿に気づいてその女性を怖がらせてはいけないと思い、反対車線に移ろうとした。

ところが、その人はまるで私の姿に気づいている様子もなく、相変わらず同じ歩調で近づいてくるのであった。ゆっくりと規則的に、こちらになんの感情も伝えることなく無表情で近づいてくることに、私は初めて違和感を覚えた。

ついにその影は私の目の前まで来た。が、私の存在などまったく目に入らないかのように無言で通りすぎ、そのまま暗闇に消えていった。その瞬間、私の体の中を冷たい柱のようなものがすり抜けていくのが感じられた。

幸い、その後まもなく通りかかった車に乗せてもらうことができ、何回か車を乗り継いでようやく広島まで帰ることができた。母にその夜のことを話したところ、

「よかったね。危ないところだったよ」

と言うのである。なんのことかわからず聞きただすと、その女性はそのあたりに出没す

る霊だから、ついて行っていたら異界まで連れていかれるところだったというのである。そういえば、あのとき私の体の中を冷たい柱のようなものがすり抜けていくのを感じたのは、無意識に感じた恐怖だったのかもしれない。

それから半年ほどたったある日、何気なくテレビで霊体験の番組を観ていると、京都の大学生が夏休みにオートバイで九州の実家へ帰省する途中、国道九号線をとおり穴道湖のあたりに差しかかったところ、一人の若い女性に呼び止められ、途中まで後ろに乗せてほしいと言われたという。

「穴道湖？　若い女性？」

私はドキッとして、画面に釘付けになり、そのあとの話に聞き耳をたてた。

青年はその申し入れを快く受け入れ、後ろに乗せて走り出した。ところがしばらく走っていると、後ろがとても重くなったので何度もアクセルを回し、エンジンをふかした。が、どうもいつもとちがう感覚に気づいてフッと後ろを振り向くと、先ほど乗せたはずの女性の姿がなかったというのである。

青年が乗せたという女性も、おそらくそのあたりにさまよっている霊だったのではないだろうか。そういえば、穴道湖には入水して亡くなった女性が多いという話を聞いたことがある。

明治時代の作家・小泉八雲もこのあたりに住み、多くの怪談を残しているが、そこは昔からこうした怪現象が多かったのかもしれない。

いま思い返してみると、あの日の突然の大雪も単なる気象の変化によるものではないような気がしてきた。それに、いくら田舎とはいえ、真夜中になるまでまったく車が通らなかったことも不思議である。さらに女性に〝無言の誘い〟に乗るように仕向けられていたにもかかわらず、私がついていかなかったので計画をあきらめたようにも取れる。というのは、その直後に車が通りかかったからである。

すべてが見えない世界で仕組まれていたことではなかったか…。小泉八雲の世界へ引きずり込まれたような不思議な出来事であった。

死霊より怖い生霊

生霊《いきりょう》という言葉を聞いたことがあるだろうか。生霊とは生きている人の霊、すなわち魂のことである。その生霊が他人の霊を脅かし、霊障となって現われることがある。

亡くなった人の霊に憑依されるのは怖いことであるが、もっと怖いのが生霊である。なぜならば亡くなった人の霊は肉体をもっていないが、生霊は肉体をもって存在しているために、その肉体がこの世にある限り、つまりその人が生きているかぎり、どんな有能な霊能者の力をもってしても消すことが困難だからである。

生霊の怖さということで思い出すのが、次のような事例である。

九州のK市に住むR子さんが、ある日、ひょっこり訪ねてきた。彼女はそれまでにもご主人の件でしばしば相談に来ていた。その日の彼女の相談事も例によってご主人のことであった。

ご主人は東京の私大を卒業した後、郷里に帰ってある事業（経営）をはじめた。やがて地元で三本の指に入るほどに成長し、羽振り良くぜいたくな暮らしをしていた。一年ほど前に火の不始末で工場の一つを全焼し、近隣の木造アパートも類焼してしまったが、最近どうにか工場を再建し、アパートの弁償も済ませることができた。

この件はさておき、今回の相談事というのは、取引先であった大手企業のA産業が倒産したために、不渡りのあおりで相当額の損失を被ったばかりでなく、公民権停止、商取引停止、銀行取引停止をいい渡されたというのである。いわゆる破産である。

心労が重なったためであろうか、R子さんはすっかり意気消沈していた。

「これには何か因縁があるのでしょうか」

おそるおそるたずねるR子さんに、母は少し考えてから、一言、「あなたのご主人に信仰するように言いなさい」といった。

「私がいくら言っても相手にしてくれないんです。お大師様のお力でなんとかしていただけないでしょうか」

R子さんはしんけんな表情をして哀願するように言った。当のご主人は虚脱状態で、魂が抜けてしまったような日々を送っているという。

「いいですよ。いつでも相談に乗りますから、ご主人をここに連れていらっしゃい」

母に促されて、R子さんはまもなくご主人を伴ってやって来た。母はご主人に、正しい信仰をもつことがいかにたいせつであるかということをやさしく説いて聞かせた。だが彼は母の忠告をほとんど上の空で聞いていた。

二泊三日の広島滞在を終えて、翌朝、二人が帰った直後に母が急に苦しみだした。そして声をしぼり出すようにして私に言った。

「おまえには法力がある。助けてくれ!」

いったい何が起きたのか！　訳がわからなかったが母の苦しむ様子から何かの霊がついていることは確かであった。

人に憑依した神霊がどんな神霊なのかを判断することを審神《さにわ》といい、審神ができる人を審神者《さにわしゃ》という。母が言うように、私は審神者として陰陽師のように霊を祓うことができるので、一刻もはやく母の苦しみを取り去ってやらねばと、すぐさま陰陽師の術を使った。

すると目の前で苦しんでいる母の口を通して、別の人間の声が「憎い！」と言うのである。明らかにだれかの霊が母に憑いていることがわかった。そこで、その霊に対して、「何が憎いのですか？」と聞き返すと、「余計なことをするな」という。

「あなたはだれですか！」

「さっき帰っていった男に関係のある者だ」

「あなたは男か女か？」

「女だ」

「この世の者か、亡くなった霊か？」

「生きている人間だ」

「何が言いたいのですか？」

「私はあの男に騙されて、さんざん利用され、毎日涙を流している。その涙の量はバケツ一杯分にもなる。そんな男を助けようとしているあなた方を許せない！」

「詳しい事情はわからないが、察するに、あなたは相当お怒りのようですね。しかし、たとえどんな理由があろうとも、人を恨んだり呪ったりすることは神仏の理に反することです。あなた自身のためにもよろしくない。〝人を呪わば穴二つ〟だ！」

「アー、うるさい。そんな理屈は聞きたくない。わたしに説教するのか」

「どうしたら気がすむのですか」

「あの男をもう一度ここに連れ戻して、祭壇の前で額を畳につけて謝らせるのだ。ほんとうはそれだけでは気がすまないのだが、仕方ない」

「わかりました。必ずそのようにします」

そのように約束をし、ただちに印契を結んで真言を唱え、「エイッ、ヤッ！」と気合いを入れると、たちまち術が効いて母は元に戻った。母に訳を話し、K市に帰ったばかりのR子さんのご主人に電話をして、すぐ広島に来るように伝えた。

どうしたことかと驚いていたご主人も、訳を話すと、「それなら心当たりがあるので、今からすぐに行きます」といって、再び広島にやってきた。

ご主人が「心当たりがある」と言ったのは、かつてたいへんお世話になったある女性のことだった。ご主人は以前から妻に隠れてこの女性と付き合っていたが、妻と別れて彼女と結婚する意志をはっきり示すこともないままにズルズルと関係を続けていた。

そんななか、取引先であった大手企業の倒産のあおりを受けて、公民権を失い、商取引および銀行取引停止をいい渡されてしまった。収入もなく、きびしい借金の取り立てから逃れるために妻子も隠さなければならない状況のなかで、行くところがなくなり、その女性のところに転がり込んだのだった。

彼女に食べさせてもらい、小づかいまでもらっていたにもかかわらず、結果的にはさんざん利用するだけ利用し、恩を仇で返すような形で別れていた。女性はそのことをひどく恨んでいたのである。

生霊は想念と肉体の両方をもっているので、死霊よりはるかにエネルギーが強い。この例の場合、ご主人に強い怨みをもつ女性の生霊が、彼の会社の火災や取引先企業の倒産という形で積年の恨みを果たしたのである。もしご主人が母に出会わなかったならば、数々の災難の原因が明らかにされることはなかっただろう。

だが、ご主人はその後も倒産の衝撃からなかなか立ち直ることができず、いまだに定職についていない。また、正しい信仰をしている様子もない。妻のR子さんの苦労は当分続きそうである。

霊界へ無断介入して戒められた因縁話

神霊界のはたらきに対して、この世の人間がもっとも気をつけなければならないことは、他人の因縁ごとに絶対に無断で介入してはならないことである。このことの危険性を神霊界は次のような現象で指摘し、戒めている。

だいぶ前のことになるが、立教大学助教授の教え子であった女子大生の失踪事件があり、その後まもなく、助教授が妻子を道ずれに海に飛び込んで心中したことで、この事件の全容が明らかになった。この事件はマスコミでも大きく報じられたので、ご記憶のある方も多いかと思う。

助教授の遺書により、その女子大生は助教授と不倫のすえ殺され、どこかに埋められたことまではわかったが、その場所がどこなのかどうしてもわからなかった。女子大生はどこに埋められたのか…。

連日、捜査が続けられていたが、なかなか発見することができなかった。

そんなある日、某テレビ局がイギリスの女性霊能者を招き、一週間の日程を組んで関東地方周辺を追跡調査する番組があった。私も母といっしょに観ていたが、その女性霊能者は地図をあちこち指差し、「ここ、ここ」と指摘するのであるが、なかなか発見されなかった。

「いや、そんなところではない！」

静岡県の浜名湖近くのある場所をブルドーザーで掘り起こしている場面のところで、母がじれったそうに言った。どこに埋められているのか母にはわかっている様子であった。

「ほんとうはどこなのですか」

私は母に聞いてみた。すると、「本来、神霊界では当事者に依頼されないかぎり無断で介入することは許されないことであるが、この方のお役に立つなら…」といって拝み、お告げを待った。

「この女性は助教授がよく利用していた別荘の北側数メートル先の裏地に埋められていて、寒い、寒いといっています。多分、日の当たらない湿地帯のようなところでしょう」

これがお告げの内容であった。私はその女子大生を一刻も早く助けたいと思い、テレビ局で聞いた彼女の実家に電話をした。しかし発信音はするが、どうしてもつながらないのである。

「もういい。頼まれているわけではないから、これくらいにしておきましょう」

と母が言うので、残念であったが、その件はそれきりになってしまった。

それから一週間後、母は信者さんを訪ねた帰りに一冊の女性週刊誌を買い求めた。夜、ベッドでそれを開いたとたん、例の女子大生の顔写真のアップがいきなり飛び込んできたという。

その記事を読んでいるうちに眠くなり、開いた雑誌を顔面にのせたまま眠ってしまった。ところが翌朝、起きてきたときはすっかり憔悴しており、その場に倒れ込んでしまったのである。

「何かあったんですか？」

私は急いで駆け寄り、助け起こしながらたずねると、

「昨夜はいままでに経験したことのないような苦しみを受けて、体が重くて動けないの」

と母にしては珍しく弱気であった。その様子から、一般の医学療法で治るような苦しみではなく、霊的なものによることが推察できたので、しばらくベッドで休んでいるよう促

したが、自分で立っている力もないほど憔悴していた。

母は首を横に振り、祭壇のほうへ視線を向けた。母としては自分がなぜこんなことになったのか訳を知りたくて、神仏を拝もうとしていたのである。

母は私に支えられながら、やっとの思いで祭壇の前に座り、神仏に拝むと、そこへ現われたのは、なんと一家心中した助教授だった。彼は怒りをあらわにしながら母に言った。

「彼女を埋めた場所を知らせようとするなんて、余計なことをしないでくれ。私だって妻子まで犠牲にして命を落としたんだ。絶対に見つけ出したりしないでくれ！」

そういう助教授の気持ちもわからないではない。だが、埋められた場所がわかっていながら黙っていては、その女子大生は浮かばれない。両者の思いのあいだで少し迷ったが、母は自らの身の危険を感じて、この件は封印してしまった。

それから約一カ月後、女子大生の遺体は助教授の知人の別荘の裏山で発見された。母の指摘した通りの場所であった。

母は、自分がひどい苦しみを受けたのは、いくら浮かばれない女子大生を救うためとはいえ、当事者の親御さんや関係者に頼まれたわけでもないのに勝手に霊界に介入したことに対する戒めであったという。

この一件で、霊界へ無断介入することについて大いに反省させられた母は、二度とテレビで報じられた事件や噂話の霊視をしようとはしなかった。しかし、それ以前にもこのようなことが何回かあった。

すぐさま思い出すのは、大阪市住之江区で男子の小学生行方不明事件があったときのことである。テレビでそのニュースを観ていた母は即座に、

「あっ、この子は見つからないね。迷宮入りになるね」

と言った。私が「今、どこにいるんですか?」と聞くと、

「この子は車に跳ねられて死んだので、そのドライバーが自分の家に連れて帰り、縁の下に埋めた。だから永久にわからないね」

と言うのである。事実、この事件は迷宮入りになり、それきり世間で話題になることはなかった。

このようなことは母にとっては日常茶飯事であった。だが、たとえ行方不明者の居場所がわかっていても、頼まれもしないのに当事者(身内や関係者)や警察にお告げの内容を知らせたりしないことが霊界のルールなのである。ルールはルールとして守らなければならない。

なぜ当事者でない人に伝えてはいけないのか。そのことについて母は次のように言っていた。

「事件や事故に巻き込まれた人が死んでいるのか生きているのか、見つかるのか見つからないのか、これも重要なことかもしれません。しかしもっと大事なことは、当事者の背景にある因縁を見きわめ、それをどのようにすればいいのかを説明してあげることです。当事者がそのことをしんけんに受け止めたときに、はじめて真の問題解決になるのです。

因縁を解くことは、絡んだ糸をほぐしていくようなものですから、拝み屋さんに頼んで事件や事故の結果だけを知っても、かえって誤解を招いたり、恨んだり憎んだりしてしまう原因をつくることになってしまいます。大事なことは結果を知った後に、それぞれが因縁として現実を見きわめ、反省すべきところは反省し、今生でいかに魂次元を上げていくかということなのです」

欧米では霊能力が認知されており、犯罪捜査にも活用されているが、日本ではその社会的地位はまだまだ低い。母もそれまでいくつかの事件に関して、何回か警察より捜査の協力を求められたことがあったが、当事者の依頼がないかぎり、お告げを伝えることはなかった。一方で、当事者より依頼を受けた場合は、犯罪が意味することの気づきを促すためにも協力を惜まなかった。

先祖の功徳を知らされた老夫婦

ある日、息子さんのことでたいへん悩んでいるTさんという老夫婦が訪ねてきた。息子さんは大学を出て都市銀行に就職し、何年か後には結婚も決まった。結婚式には支店長ら職場の人も多数列席し、盛大にとり行なわれた。ところが新婚旅行から帰ってきたころから息子さんの様子がなんとなくおかしい。

しばらくして息子さんから訳を聞いたところ、どうもお嫁さんには結婚前から付き合っていた男性がいるようなのである。

息子さんは悩んだ末、離婚ということも考えたが、銀行という堅い職場柄、個人のプライバシーの問題ではあっても会社の信用を損ねかねない。それに本人もまだ若く将来のある身、経歴に汚点を残したら出世にも響くことになる。諸事情を考えると、我慢するしかなかった。そうした状況のなかで、当然、夫婦関係も冷めていった。

幸せの絶頂にあるべきはずの息子さんから、そのようなことを告白された老夫婦のショックは大きく、思い悩んでいる毎日であった。

そんなある日、導かれるように広島市内の本屋さんに入ったご主人の目に、母の著した『霊界の秘密』が目に止まったというのである。家に帰ってから引き込まれるように一気に読んでしまったご主人は、居ても立ってもいられない気持ちになり、奥さんを伴って訪ねて来られたのであった。

母にいろいろなことを相談するうちに、お二人の心も落ち着き、おみえになったときとは打って変わり、晴れやかな顔で帰って行かれた。

その後、息子さん夫婦はしばらく仮面夫婦を続けていたが、時期をみて離婚された。夫婦の離婚によって、この件は一応の解決をみたが、それ以来この老夫婦は熱心に母の話を聞きに通われ、毎月二十一日のお行《ぎょう》もされていた。

ある日、母がご夫婦にたずねた。

「霊視によると、小高い山へ通じる坂道の途中に、道に沿って小川が流れていて、そこをさらに登っていくと祠《ほこら》があり、その中のお堂に仏様が祀られている情景が見えますが、心当たりはありませんか」

「はい、いつも家内とお参りさせていただいている仏様です」

「その仏様はあなたがたT家の先祖が祀られたものですよ」

「えっ！　そうでしたか。そんなことはまったく知りませんでした」

「近所の人に聞いてごらんなさい。いきさつがわかるかもしれません」

Tさん夫婦は帰宅すると、さっそくお堂に行き、近くの畑で農作業をしているおばあさんに祠の由来をたずねたところ、その仏様はT家のご先祖が建てたもので、その近所の人はみんな知っているとのことであった。母が言ったとおりであった。

「そんなこととも知らずに今まで夫婦でお参りしてきましたが、なぜ私たちがその仏様にひかれて通っていたのか謎が解けました。先祖の徳積みに触れることができ、ありがたいことです」

Tさんご夫婦は母に何度も何度も礼を言うのであった。

ご夫婦は息子さんの不幸で訪ねて来られたのであるが、そのことを機縁に毎月のお行にも励まれ、そのなかで先祖とのかかわりを知らされ、「先祖の徳積み」という心の財産を得ることができた。ご夫婦はその後もさらに精進され、深い信仰へと導かれていったのである。

三鬼大権現のお告げと約束

霊能力のある人を通して神仏に悩み事の解消やお願い事をする場合、依頼者自身がなんの努力もしないで、いわゆる「棚ボタ式」に叶えていただくことはまずあり得ない。それは神仏がかけ引きをしているわけではなく、なぜそのような悩み事が起きたのか、その原因（因縁）について当事者たちに気づかせ、解消するように導くためである。

当然ながら、因縁を解消するためには、それに必要な条件があるはずである。もし家に仏壇や神棚がなかったら、ただちに設置して神仏を祀ることも基本的な条件である。また、粗末になっている祠があれば、きちんと祀りなおすこととか、個々に応じて条件もさまざまであるが、もっともたいせつなことは、何度もくり返すようであるが、「正しい信仰」をもつということに尽きる。

それにしてもお願い事だけして、神仏から出された条件を守らず、成果だけをいただこうとする人がいるのは残念なことである。それは神仏を欺くだけでなく、自分自身をも欺くことになる。次の話はそのような一例である。

ある日、北九州市から叔父（母の弟）がひょっこり訪ねてきた。彼は石炭や鉄鉱石の卸問屋を営んでおり、主として製鉄所で使う鉱石を中国から輸入して販売しているが、中国産は質が悪く、それが悩みの種だった。

あるとき、それと同じ鉱石がかつて日本でも生産されていたことを知り、まだどこかに埋まっているかもしれないということで、お大師様にその場所をお教え願いたいという。弟の頼みとあって母もこころよく応じてあげたのだった。

母はまず仏壇と神棚の前に座って、経文、真言、祝詞などをいつものように唱えた。その日は心なしか「三鬼大権現功徳和讃（さんきだいごんげんくどくわさん）」を、心をこめて唱えた。「三鬼大権現功徳和讃」とは文字とおり、三鬼大権現様を称える讃辞である。

「三鬼大権現功徳和讃」
帰命《きみょう》　頂礼《ちょうらい》　三鬼《さんき》尊三寶守護《そんさんぼうしゅご》の御誓願《ごせいがん》
いよいよ深く在《ま》しまして　霊験日日に新なり
其の御本地を尋ぬれば　三寶荒神化身して

弥《み》山《せん》の峯に跡を垂れ　衆生を救はん其為《そがため》に
破《は》邪顕正《じゃけんしょう》の御方便　折伏門に示現《じげん》して
普《あまね》く魔障を降伏し　煩悩業苦を滅せんと
外《げ》には忿怒《ふんぬ》の形相を　示し給ふも内証は

忍辱《にんにく》慈悲に外ならず　山より高く海よりも
深き弘誓《ぐぜい》の因縁を　仰げば尊し其の昔
大同元年秋の末　弘法大師此の山を
開き玉へる其の時に　護法の誓立て給い

名高き山に栖《すみ》にける　大小天狗を教化して
皆眷属に従へつ　真理に契《かな》へる其の道に
人をば導き給ふなり　折伏攝受《せうじゅ》の威神力
除障降魔の斧を持ち　神通自在の羽団扇《うちわ》は

衆生の祈願を成満《じょうまん》し　如意宝珠の功徳にて
福徳円満限りなく　いかなる天魔も障《さ》えがたき
金剛堅固の不動心　天眼天耳宿命通
神変不思議の大威徳　神通無げの力にて

病いはたちまち平癒す　たとえ魔障の競い来て
すでに身命危うきも　信心堅固の利剣には
たちまち災難切り払い　貧窮困苦にせまる身も
如意宝珠の福徳を　授け給える御誓願……（以下略）
南無三鬼大権現　おんあらたんなううんそわか

母が拝んでいると、まもなく三鬼大権現様が出て来られて、

「よしよし、こういう問題は私の担当だから調べてみよう」

と言うが早いか、全国の山から山を飛び回って探してくれた。その結果、どうやら鳥取県と岡山県の県境のあたりらしいということがわかった。

「そのあたりなら九州からそう遠くないし、採算も取れるだろう。ところで近くに鉄道は走っているのでしょうか」

と、叔父は身を乗りだして母のお告げの先を急ぐのであった。近くに伯備線の駅があると母がお告げを伝えると、

「それなら新見駅にちがいない。それで、どのくらい埋蔵されているのでしょうか」

叔父もだんだんその気になり、早くも皮算用をはじめている様子であった。母は釘を刺すように、

「ここで見つかって掘り起こしてもそんなには出てこないので、ボロ儲けはできませんよ。それに、ここへは必ず三回足を運ばなければ見つかりません」

と忠告した。だが叔父は母の忠告も頭に入らない様子で、

「オレはこの分野のプロだから、一度現地に行けばすぐわかる。明日いっしょに行こう。中国地方の地理に詳しいんだろう」

と、しきりに私を誘うので、私もつい誘いに乗り、「行ってみましょう」と協力に応じてしまった。

さて、お告げで指定された場所は「新見駅から北へ何キロの地点」と、かなり詳しく方

角が決められていたので、ともかくそちらの方向を目指して行ってみた。大きな山を相手にするというのに、叔父は小さな金槌を一本しかもって来ておらず、正確な方位を示す磁石さえ持ち合わせていなかった。

結局、それらしい石は発見されないまま夕方になってしまい、私たちは仕方なく引き上げた。叔父は何の成果も得られなかったのが不満だったのか、あるいは険しい山を登っての作業が体にこたえたのか、かなり疲れているように見えた。帰りの電車の中で叔父は落胆した表情で、

「私は二度と石を探しに行くつもりはない。この件はおまえに任せるから、これからはおまえが行って探してくれ。もし発見できたら、売上げの半分をやろう」

と言うのである。驚いた私は、

「私は素人なので石のことはわかりません。それにお金をもらうつもりもありません。そんなことよりも神様に三回行くように言われているのに、これで打ち切っていいのですか。あとの二回はどうするのですか」

とたずねると、

「何回行ってもあの山には探している石はないわ」

と強い調子で言うのである。

「でも、お大師様の代理で三鬼大権現様のお告げをいただいた以上、行かないわけにはいきません」

と私が言うと、

「いったい、その三鬼大権現様っていうのは何者なんだ」

と食ってかかるような調子で言うのである。首尾よく石が発見できなかったことに苛立っているようにも見えた。こんな調子の会話を交わしながら帰宅すると、母はいつになく機嫌が悪かった。母にはすべてお見通しだったのだ。母が叔父に向かって、

「それでこの件は、これからどうする気ですか」

と聞いたところ、明日は自分は行かず、この私に頼もうと思っているというのである。

そのとき母の怒りが爆発した。

「なにを言うのですか！　大事なことを神様にお願いしておいて、お告げをきちんと聞かないとは何事です。明日、弥山の三鬼大権現様まで歩いて登って、謝ってくるのです！」

と、今まで見たこともないような激しい口調で叔父を叱りつけた。

翌日、叔父と私は弥山の三鬼大権現様まで一時間かけて登ったのであるが、叔父は途中

三鬼大権現が祀られている弥山の霊峰全景

からフーフーと息を切らして苦しそうであった。叔父は「行」をさせられているなと思った。

帰宅すると、叔父は母に礼を述べ、「新見の山には二度と行きません」と言い残して帰っていった。神様との約束を破ってしまったのである。

約束を守ることは人間同士の間でも礼儀であり、常識でもある。ましてや相手が神様の場合は、どんなことをしても守るのが人間としての当然の務めである。叔父はそれを反古にしてしまったのである。

叔父が探している石は日本全国いたるところにあるかもしれない。だが、それを発掘・採集するのでは経費もかかり、たいへんだろうと思って、三鬼大権現様にもっとも近くの場所を教えていただいたのである。それなのに神様との約束を守らないとは無礼なことをしたものである。

三鬼大権現様はテレポーテーション、つまり物質瞬間移動を得意とする威神力の高い神様としても有名で、まさに超能力をもった神様である。ちなみに、その眷属（神のお使い）は有名な「カラス天狗」である。

母から聞いた話によれば、かつて真言宗のお坊さんのなかにはテレポーテーションの術（如意通）を使える人もいたという。たとえば広島市西区にある三滝寺の本尊は観音菩薩様であるが、三鬼大権現様も祀ってあり、昔そこの老住職が、「ちょっと宮島まで行ってくる」と言うが早いか、姿を消し、瞬間移動の術を使って弥山へ移動したという話が残っている。

そのような超能力をもった三鬼大権現様であってみれば、全国を飛び回り、溶鉱炉で使う石を探すことぐらいわけのないことである。それを信頼せず、叔父のように神様の好意を踏みにじるような行為は、たとえいかなる理由があろうとも許されるものではない。

第六章　あの世からのメッセージ（Ⅱ）

——五代前の女性の足跡を求める旅

「ルーツ探し」の旅はこうしてはじまった

私たちが今ここに在るのは、はるか遠い先祖からの悠久なる血の流れを受け継ぎ、かつ先祖からの霊魂による因縁のしがらみによるものである。私たちの人生に運、不運というものがあるのは、こうした因縁のしがらみに影響されるからである。

しかし人間は自分の心がけや努力によって運を切り開き、マイナスの因縁をプラスの因縁に転換することができると私はすでに述べてきた。すなわち正しい信仰によって神仏と常に交流を行なうことで神密力を身につける方法である。そこではとくに「先祖の霊を丁重に祀れ」ということは強調しなかった。宗教、宗派に関係なく、祖霊を正しく祀ることは人間として当然の道であるので、言うまでもないことと思ったからである。

本書で許される紙副も残り少なくなったが、ここであえてその重要性を訴えたいと思う。祖霊を正しく祀ることでマイナス因縁を消滅させるだけでなく、祖霊より加護と導きを得られるようになるからである。これこそ自分の運命をはかる最高の方法であり、古来より先達が行なってきたもっともすぐれた智恵なのだ。

ひるがえって私自身の場合はどうだろうと考えたとき、自分の考え得る範囲では母の代より、いやそれ以前より先祖霊を祀り崇敬してきたつもりであるが、そんな私どもを頼りにされたのであろうか、遠い先祖から「自分を訪ねてきてほしい」とのメッセージが母を介して届けられた。

ここでお話しするのは、そのメッセージにうながされて私自身が取り組むことになった我が家の「ルーツ探し」の物語である。

お告げに現われた謎の女性

母が『霊界の秘密』を刊行して数年が経ったころのことである。私もそろそろ本を出したいと申し出たところ、「そんなことより、今はまだ修行に身を入れる時です」と母親の立場で言下にいさめられてしまった。それでも「お大師様にお伺いを立ててみましょう」と言って拝んでくれた。

しばらくして出されたお大師様の答えも、やはり「まだ時期ではない」というものであった。しかし、「せっかくお告げをいただいたのだから、何かほかに質問があれば伺ってみなさい」と、私の落胆と迷いを見抜いたかのように促してくれた。

当時、私もまだ四十代前半で、仕事のこと、結婚のこと、将来のことなど、人生全般の方向性についてヒントになるものを求めていた時期であったので、さっそくお願いすることにした。

母はいつものように手に印契を結び、目は半眼、仏の相好でお経を唱えはじめた。すると瞬時に入我我入の境地に至り、「ンーム、ウーン」とかすかな声を発しながら、しきりにうなずいていた。そしてポツリと言った。

「不思議なお告げですね。なぜ今ごろになって、こんなお知らせを…」

その内容は、母にとっても私にとってもまったく予期せぬものであった。それは私から数えて五代前（母方）の女性に関わるもので、その先祖霊が母の前に現われて、この私に何かしてほしいと頼んでいるというものであった。ちなみに私から数えて五代前の女性ということは、母にとっては曽祖父の母親にあたる人物ということになる。

母は何十年ものあいだ、霊感で（神仏を拝むことによって）人さまの因縁事に対して答えを出していたが、身内のこととなると、それほど頻繁にやってくれていたわけではなかった。久しぶりに私のために拝んでくれたところ、思いもよらぬお告げが出たので母も私もほんとうに驚いてしまった。

私の五代前の女性が、なぜ今ここに現われたのか…。

その意味するところを母も私も理解しかねていた。おそらくまともな供養も受けておらず、宙に浮いた存在なのではないか。

二人でいろいろ考えあぐねた結果、その女性のお墓がどこにあり、どのように祀られているのか。また名前はなんといい、命日はいつなのか等々の調査をし、その女性の存在を明らかにすることが私の役目ではないか。さらにその方の供養をすることで、その後の私自身の人生に大きな意味が生まれてくるのではないか、という思いに至ったのである。

とはいえ、当時の私は塾経営のかたわら、母の信仰活動の補佐役を担っており、加えて東京での新規事業の立ち上げに打ち込んでいる最中であったので、すぐさまそのような調査に時間を割くわけにはいかなかった。


母・浅野妙恵が生まれたのは長崎市であるが、先祖は長崎県の福江市の人々であった。福江市は日本列島の最西端、五島列島の一つである福江島にある。

母の曽祖父・栄専《えいせん》は、江戸末期、当地の藩主・五島家の祈祷寺であった宝性院《ほうしょういん》、通称、

宝性院（軽成院）

軽成院《けいじょういん》の住職をつとめていた。この栄専には出生の秘密があった。彼は五島家三十代藩主・五島盛成《もりあきら》のご落胤《らくいん》であったのだ。

『五島編年史』によると、宝性院（軽成院）の創始は文化十三年（一八一六年）、第二十九代五島盛繁（栄専の祖父）の代である。本尊は盛繁の信仰に基づき、本人の座高と同じ高さの不動明王を安置した。宗派は天台宗修験。本尊は不動明王、脇仏は阿弥陀三尊。今日まで宗祖・伝教大師（最澄）相承の「円、密、禅、戒」の四宗一丸の天台修験の教義をもって儀式行事を行なっている。のちの慶応年間（一八六五年～一八六七年）、栄専和尚のとき「慈雲山寶性院」と改称。藩政時代には住職が毎年、藩主の居館に登城して、天下泰平、五穀豊穣の祈願をしたという。

母のお告げに現われた栄専の母にあたる女性、つまり私の五代前の女性は多くの謎に包まれている。出身地は「六方の浜」で庄屋の娘だったということだけはわかっているが、その名前も、また、どういういきさつで藩主の子を宿すことになったのかもまったくわかっていない。

六方の浜といえば、この地は源平の「壇の浦の合戦」で敗れた平家の落人が移り住んだところで、現在では付近に海中公園などもあり、風光明媚な景観で親しまれている名所であるが、この女性と平家の落人とは何らかの関係があるのかもしれない。

栄専が生まれたときには正室に子供がいなかったが、その後、嫡男が生まれたため、のちの政争を避けるためか、栄専は七歳の身で出家を余儀なくされた。父親である藩主は栄専のために、わざわざ京都から天台宗修験の力のある僧を呼び寄せて宝性院の住職とし、幼い栄専をその僧に預けたのであった。

栄専の母（六方の浜の出身なので、以後は「お浜さん」と呼ぶことにする）は正室にお世継ぎが生まれた時点で、おそらく五島家にとって必要の無い存在となったと思われる。

そのお浜さんが母のお告げに現われ、私に何かしてほしいと頼んでいるのである。その

(五島家系図)◯の数字は藩主の累代

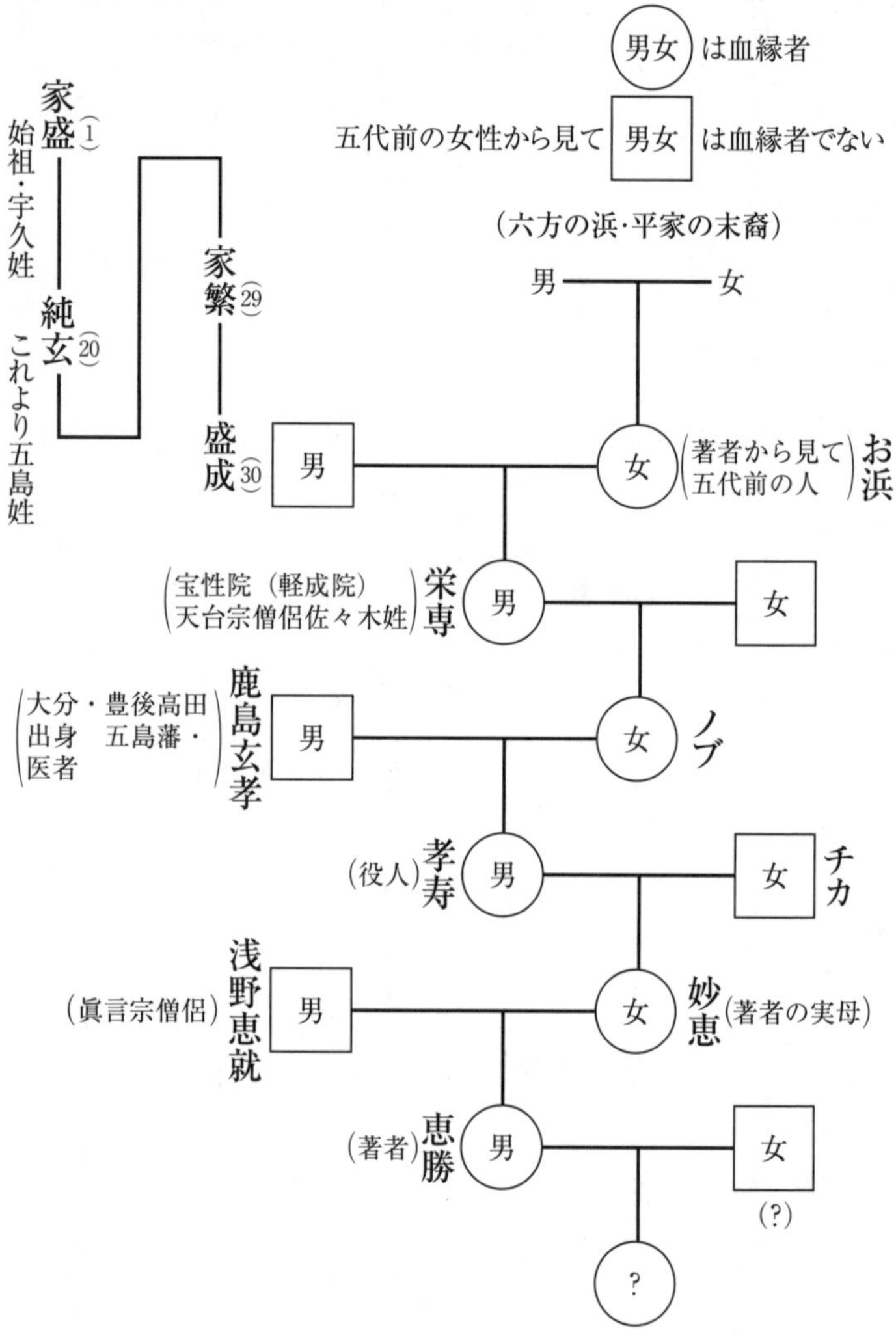
男女 は血縁者
五代前の女性から見て 男女 は血縁者でない
家盛①
始祖・宇久姓
純玄⑳
これより五島姓
家繁㉙
盛成㉚
男
(六方の浜・平家の末裔)
男
女
女
(著者から見て五代前の人)お浜
(宝性院(軽成院)天台宗僧侶佐々木姓)栄専
男
女
(大分・豊後高田出身 五島藩・医者)鹿島玄孝
男
女
ノブ
(役人)孝寿
男
女
チカ
(眞言宗僧侶)浅野恵就
男
女
妙恵(著者の実母)
(著者)恵勝
男
女
(?)
?

願いは何であるのか、その時点ではわからなかったが、私としてもできるかぎり彼女の願いを叶えてあげたい気持ちでいっぱいだった。それゆえ、私の想いはいつも長崎の五島へ五島へと飛んでいたのであるが、先にも述べたような事情があって、実行に移す機会をなかなか見出せないでいた。

そのようななか、母はしばしば、

「お大師様のお告げがあったではないか。いつ、その約束を果たすのか」

といって私に実行を迫った。そのたびに「一刻も早くそうしなければ…」と焦りを覚えるのであったが、状況がそれを許さず、いたずらに時だけが流れていった。

ここに五島家の系図があるが、この系図を見て「あること」に気がついた。あることとは、この女性から見た場合、左側□内の男性、右側□内の女性はすべて他人（血縁者でない人たち）であるということである。この順番からいくと、もし私が結婚して子供をもうけたとしたら女の子ということになる。

五島行きのチャンス到来、そして迷路に…

それからほどなくして、ひょんなことから五島行きのチャンスが巡ってきた。母の長兄の十七回忌法要の案内が届き、母が「ぜひ出席したい」というので、同行することになったのである。すでに体の弱っていた母にとって、広島から長崎までの一人旅はとうてい無理と思われたので、私が付き添い人の役を引き受けたというわけである。

「そうそう、ちょうどいい機会だから、先に五島に立ち寄って、それから長崎に行きましょう。あなたには例の件があるでしょう。約束事の…」

母の提案に一も二もなく同意したことは言うまでもない。そして、これで長年気にかかっていた大事な役目を果たすことができると内心ホッとしたのだった。

昭和六十年（一九八五年）の六月の早朝、広島を発ち、列車で福岡まで行き、福岡の空港から一つ飛びで福江に着いた。そこは私にとって初めて訪れる念願の地、母にとっても何十年ぶりかのなつかしい五島であった。

ここに滞在するのはわずか一日で、つぎは長崎市へという強行日程のなか、はやる気持ちを抑えて目指す先は、まず栄専の菩提寺である宝性院、そして彼の母の里・六方の浜。母も私も思いは一つであった。この二カ所を訪れさえすれば、お浜さんについての解明は一件落着するにちがいない。

福江空港からタクシーで現地へ向かう車中、私はそんなふうに思いながら、

「お浜さん、すぐ行くから待っててくださいよ。あなたの積年の思念《おもい》を叶えて差し上げますからね」

と心の中で叫んでいた。

宝性院は栄専の孫、つまり母の父親のいとこにあたる「真《まこと》さん」という方が住職をしておられた。住職とその奥様は娘時代の母とも面識があり、われわれ親子のとつぜんの訪問に大変感激され、快く迎えてくださった。

母はあいさつもそこそこに住職に向かって、「まずは仏様とご先祖様に手を合わさせてください」と申し出て、私たちは本堂で御本尊、不動明王をはじめ諸仏に心をこめてのご供養を済ませたのであった。

そのあと客間に通され、積もる話をしたのであるが、何分にも久しぶりの再会とあって、住職夫妻も母もなつかしさのあまり時間の経つのも忘れて昔話に花を咲かせた。信仰のこ

と、親戚縁者のこと等々で会話は尽きる気配がなかった。

かたわらでひたすらジッと話を聞き入っていた私も、ついにしびれを切らして会話に割って入り、今回の五島訪問の目的について切り出した。

「栄専さんの実母にあたる方の詳しいことをおたずねしたいのですが…」

私は当初から、この件については栄専の菩提寺に参れば、まちがいなく詳細が判明するものと思っていた。ところが住職から返ってきた言葉は、まったく期待外れのものであった。

「それがですね、実は私たちもよくわからないのですよ」

「エエッ! まったく何もわからないのですか」

間髪を入れず母が問いただしたが、住職は首をかしげて申しわけなさそうな顔をするばかりであった。結論からいえば、栄専から後の子孫縁者については、過去帳、位牌、墓碑はあるけれども、件《くだん》の女性のものは何一つないということであった。

仏門の僧の身であった栄専は、どのようなかたちで実母であるこの女性の菩提を祈念し供養していたのであろうか。七歳で出家した時点で、文字どおり、親や一族との縁をいっさい断ち切ったとでもいうのであろうか。

「これはマズイことになったぞ！」

私は何か釈然としない気持ちのまま、お大師様を通して現われた女性の霊から大変な難題を突き付けられたような気持ちになった。

積もる話に終止符を打ち、私たちは次の訪問地である六方の浜へ行くためにタクシーを呼んでもらった。住職のすすめもあり、そこへ行けば何かヒントになるものが得られるのではないかと、淡い期待を抱いてタクシーに乗り込んだ。その矢先、先ほどまでの小雨から急に大雨になった。

「行くのはやめましょう。時間も遅いし、この雨だから…」

気乗りしない母のひと言で、六方の浜行きを断念し、雨の福江をあとにして、急ぎ長崎市に向かったのであった。

時節因縁の不思議

長崎での法事を済ませた母と私は、広島に帰るなり、五代前の女性・お浜さんについて話し合った。

「宝性院で話を聞いてわかったでしょう。五代前の女性がお告げに出るのも当然ですよ、子孫にあたる代々の縁者が満足な供養をしていなかったのですから。みんなに忘れられ、無縁仏同然の状態だったのだから…」

母は語気を強め、しんけんに私に説き聞かせるのであった。そして、

「いいですか、もう一度機会を見つけて五島に行き、このお告げの謎を徹底的に調査すること。それがあなたの役目です」

と念を押し、しっかりとクギを刺したのだった。それにしても、なぜこの女性が、この時期に、この私を指名したのだろうか。単に子孫というなら他にもたくさんいるではないか…。私はお浜さんの真意を図りかねていた。

母は長い間、信者さんはもちろんのこと、親戚筋の多くの方々を導き、ケースバイケースではあるが、先祖霊からの訴えを伝え、因縁解消に尽くしてきた。だが、このたびの一件は身内のことでもあり、母自身も驚きを隠せない様子で、時節因縁の不思議を何度もくり返し力説するのであった。まさに「灯台もと暗し」とはこういうことをいうのであろう。

時節因縁とは文字どおり、因と因が何らかの縁によって果（お知らせ）を現象化する時節（タイミング）のことである。時節因縁の不思議に気づかされた私であるが、このとき

フトもう一つ別の、ある疑問が脳裏をよぎった。そうであるならば、なぜあのとき、あの機会に知らせてくれなかったのだろうかという疑問である。

それというのも今から二十数年前に、栄専と私は霊界で一度対面したことがあるからである。その際、栄専からいろいろとありがたい助言やメッセージをいただいている。なぜそのときに「自分の実母のこと」をリクエストされなかったのだろうか。これもやはり時節因縁というものなのか。

我々が生きているこの娑婆社会にも、都合やルールがあるように、霊界でも複雑な決まりや法則があるのだろうか。いずれにしてもお浜さん探しの旅は振り出しに戻り、調査と解明と供養という課題は、私の心に重くのしかかったまま先送りになってしまった。

霊界で対面した栄専

私が霊界で先祖の栄専と対面したことについては母の『霊界の秘密』に詳述されているので、ここに一部を引用したいと思う。文中に出てくる「次男」とは私のことである。

《昭和五十二年十月のことです。私は広島市安佐南区祇園町にある自宅の祭壇の前で拝んでいました。後ろには私の次男（当時三十三歳）が座って、いっしょに拝んでいます。ちょうど次男が新しい事業をはじめようとしていたときで、どちらの方角でやればうまくいくか、弘法大師に聞いてほしいと申しますので、拝んでいたのです。…（中略）

それから数日たって、私と次男は祭壇の前に座り、お告げの続きを拝みました。

「案内するところがあるから、ついてきなさい」

神仏の館から外へ出ると、仙人はこう言って歩きはじめました。

「これが三途の川だ」

三途の川――、みなさんもご存じの、この世とあの世の境にある川です。一度渡ってしまうと、二度とこの世へは戻ってこられない川です。

私は三途の川を見て、はじめて危険を感じました。私と次男が歩いてきた道は、人間が死ぬとき、霊界に入るために歩く道ではないのだろうか。そうだとしたら、次男の命が危ないと心配になったのです。

私が仙人に、「次男がどうにかなるのではないでしょうか」と聞きますと、仙人は「自分がついているから大丈夫」といいます。その言葉を聞いて、私は安心しました。三途の川を見ますと、向こう岸にだれかが立っています。だれなのだろうと思っていますと、その人が口を開きました。

「私は栄専だ」

私の曽祖父、五島・軽成院の栄専和尚でした。

「鹿島家を代表しておまえに話しておきたいことがある」

栄専和尚は次男にこう話しかけますと、ひき続いて、信仰のこと、霊魂のこと、先祖供養のことなどをいろいろお話になりました。その内容がどのようなものであったのかは、もう七年ほど前のことになりますから、こまかい点までは覚えておりません。次男が栄専和尚に、

「なぜ浅野家のご先祖はお出にならんのですか」

と聞きました。次男が聞いた「浅野」というのは私の夫の姓です。自分は父方（浅野）と母方（鹿島）の血を半分ずつひいているのに、なぜ母方の先祖だけが出て父方の先祖が出ないのか、次男は不思議に思ったそうです。

するとと栄専和尚はこう言いました。

「霊界では、だれでもが出られるわけではない」

栄専和尚の話によりますと、三途の川までやってきて、人間に話しかけられるのは、ごく限られた高級霊だけで、それ以下の位の霊は出られない、ということでした。栄専和尚は、

「おまえは将来、宗教家になって多くの人を救うとよいだろう」

と次男にいい残すと、立ち去りました…》

このように、かつて栄専は私たち親子の前に姿を現わしていたのだった。このときすでに私が宗教家になって人々の助けをすることを栄専が望んでいたことがわかる。私は自分の意思でこの道を選んだつもりでいても、見えない糸によって先祖に導かれていたのである。

母との離別、人生の転換期に五島を再訪問

母と五島を訪問してから三年が経った昭和六十三年、私は不徳にも母との約束事である宿題（五代前の女性・お浜さんの件）を残したまま、東京に事務所を構え、ある事業に打

ち込んでいた。

だが、平成六年の秋、体調を崩した母からの強い要望もあり、東京の事務所をたたんで広島に戻って公私にわたる全面的なサポートに専念することになった。

それから一年半後の平成八年（一九九六年）には、母はすっかり足腰が弱り、病床にあった。その年の三月のある日、いつものように介護している私に、母は全身の力をふりしぼるようにして言うのであった。

「私はもう、この世での寿命はそう長くはない。いっさいをあなたに任せるので、今後のことはしっかり頼みますよ。それから例の件だけど…、いつになったら実行するつもりなの。お大師様のお告げどおり五島に行って、ご先祖様のことを調べてこなければだめじゃないの。すぐにでも行ってきなさい」

「それはそうですが、漠然と行ってみても何もわからなかった場合はどうなるのでしょうか。前回訪問したときのようなことにもなりかねないし…」

「その場合は仕方ありません。でも、それでもいいのです。あなたがそこに足を運び、しっかりとした供養の念をもって最善の調査をすれば、その方にはあなたの気持ちが通じますから…」

極寒の二月、滝修行中の著者。生駒山の岩谷の滝にて

「わかりました。五島にはいずれ必ず行きますから安心してください」

「いずれ、そのうちにといって、あれから何年になる！　あなたはホントにのんき坊主じゃ。あすにでも行ってきなさい」

語気を強めて鋭い一喝を発したあと、母は半ばあきらめた顔で私を見つめ、やがていつもの仏顔になり、微笑を浮かべながら床についた。

明日にでも行ってこいと言われても、当時の私は病床の母を残して、とても五島まで行く気にはなれなかった。

それから一カ月後、母はあの世からのお迎えを受け、八十四歳の天寿をまっとうしてこの世を去った。人生の師と仰ぐ母とのこの世での別離後、落胆と憔悴、多忙と混乱のなかで、一通りの諸行事を済ませ、初盆が過ぎた八月下旬、私は旅支度をして新幹線に乗っていた。

行き先は五島ではなく、奈良の生駒山にある行場「岩谷の滝」であった。私にとって人生の節目、一つの大きな転換期であるこの時期に、無我、無心の水行に励み、魂の練磨と再生（リニューアル）をはかっておきたかったからである。そうすることで、それまでの人生に一つの区切りをつけたいと思ったのである。

もちろん五島訪問のことは一日も念頭から離れることはなかったが、自分の気持ちに区切りをつけ、新たなスタートを切ったあとからでも遅くはないと考えていた。

再度の五島訪問

生駒での滝行を通して自らの生きる道を再確認した私は、翌平成九年（一九九七年）八月、母の一周忌を済ませたのち、いよいよ約束を果たそうと、とりあえず五島の福江市に行ってみることにした。二度目の訪問である。

それより十二年前に母と一度訪れているとはいえ、そのときは何分にも短時間の駆け足旅行であったので、今回が実質的には初めて同然の現地入りであった。

福江空港到着後、観光案内所でもらった市内地図やガイドブックを参考にして調査・行動に取りかかろうと思ったが、その前にまず半日コースの観光バスに乗って街全体の地理をおおまかに把握しておこう、そのほうが無駄なく動けるのではないかと考えたのである。

福江市の名所である教会や隠れキリシタンの史跡などを見学したあと、次の予定地に向かう途中、バスガイドが左手の方向を指差し、

「まもなくすると左に分かれる道が見えてきます。その先に昔、平家の落人が…」

と六方の浜を紹介し、当時の出来事やいい伝えなどを説明しはじめた。正確には覚えていないが、おおよそ次のような内容であったように思う。

伝承によれば、今からおよそ八百年前の文治元年（一一八五年）、平家が壇の浦で敗れたのち、源氏の追跡を逃れて、平知盛をはじめ公達《きんだち》一党がこの浜に上陸した。当時、この地には民家が六軒あったが、落ち武者たちは住民に対して、「自分たちのことを秘密にしなければ、（平家の）祟りによって、未来永劫、この里は六軒より増えることはないだろう」と他言しないことを約束させた。

こうして、しばらくのあいだ落ち武者たちと里人たちは平穏に暮していた。

ところが、ある日、浜に一隻の舟が入ってきた。それを「源氏の追っ手がきた！」と里人たちが落ち武者たちに欺いて告げたために、逃げられないと判断した落ち武者らは、平家崎に至り、恨みを残して自害して果てたという。

「そう、それだ！」

ガイドの説明に耳を傾けていた私は、とっさに身を乗りだして、その方角に視線を向けた。だが残念ながら、そこははるかに先のほうにあり、車窓から見える位置にはなかった。

この六方の浜こそ、私が探し求めている謎の女性、お浜さんの出身地なのである。

「なるほど、このあたりか。場所がわかり申した。のちほど必ず参りまするぞ！」

目指す目的地を間近にして気持ちが高揚したのか、思わず時代劇口調でつぶやいていた。

バスはその地点を通過し、次の見学地・明星院に到着した。

明星院は「西の高野山」とも言われ、寺としては五島最古の歴史をもつ高野山真言宗の古刹で、代々、五島家の祈願所として今日に至っているという。本尊の虚空蔵菩薩は天竺仏と伝えられた秘仏。脇仏の地蔵菩薩は弘法大師空海作と伝えられている。そういうことも、ここに来て初めて知ることになった。

寺院内の各所を案内してくれたのは住職の奥様であった。その実にていねいで流暢な説明を感心しながら聞いていた私は、諸仏諸尊やお大師様に手を合わせ、一心に祈りをささげていた。

「この地までお導きくださり、ありがとうございます。できることならば、私の旅の目的が果たされますように…」

祈っているときなんともいえない安らぎを覚え、お大師様との深い縁を強く感じた。これまでもお大師様との縁を感じることはたびたびあったが、こんなに強く感じたのは初めてであった。

お大師様が真言密教の法燈を中国（唐）より持ち帰り、その種火が日本で最初に点火されたのは、京都の東寺でもなければ高野山でもなく、なんと、いま私が立っているこの明星院であったという。我が国における密教は、実にこの五島の地からスタートしたのであった。

このことを裏づける一つの史料として、当院に『明星院縁起』が伝わっているが、そこにはこの寺の由来を、おおよそ次のように記している。

この寺は弘法大師空海が大同元年（八〇六年）、留学の目的を達して中国（唐）から帰国の際に参篭、祈誓されたが、満願の朝に明星の奇光と瑞兆を見て、中国で修めた密教が今後の済世利民に役立つものとして仏の証明をいただいたとして大いに喜び、「この寺は虚空蔵菩薩安置の霊場であり、自分にとってこの仏は出家得度の最初からとくに深い因縁に結ばれた寺である」と言われて「明星庵」と名付けられた。

その後、永徳二年（一三八二年）、京都東寺の法孫・明海僧正が六師の旧跡を慕い訪ねて、この寺に逗留し、「宝珠山吉祥寺明星院」と改称したという。

旅の途中、はからずもお大師様ゆかりの明星院を訪れる機会に恵まれ、日本における密教スタート地点に足を踏み入れたことの不思議な因縁を感じながら、次の見学地へ向かうバスに揺られていた。

一通りの名所めぐりを終え、その日はひとまずバスターミナル内のホテルに泊まることにした。そして翌日に備えて情報収集をしようと、少しでも手がかりになるような糸口を求めて、ホテルの部屋から町の古老や郷土史研究家などに電話で問い合わせてみた。

だが、「やっぱり」というべきか、ある程度は予期していたことであるが、彼らからはヒントになるような回答は何一つ得られなかった。

それは無理もない話かもしれない。以前、母と訪れた宝性院の老住職ですら、直系子孫

福江城城門

であるにもかかわらず詳細を知らなかったのだから…。

藩主の側室という身でありながら、当時の時代背景や諸事情により、歴史の表舞台から消え去らなければならなかったお浜さんの運命に思いを馳せながらベッドに横たわり、ウトウトしはじめた。ちょうどそのときである。

「しっかりお頼み申しまするぞ。そなたがこの地に足を運んでくれて、誠にうれしゅう存じまする」

と、私の耳元で女性の声が聞こえた。いや、聞こえたというよりも〝感じた〟といったほうが正しいかもしれない。私はハッとして目をさまし、自問自答していた。

「いまの声は何だったのか。私は夢を見ていたのだろうか……」

夢であれ現《うつつ》であれ、私はその声の主から白羽の矢を立てられ、その責任を果たすために、この地にやって来ているのだ。果たして彼女の期待に応えることができるのだろうか。あれこれと思いをめぐらせていると、なかなか寝つけなくなってしまった。

このホテルから目と鼻の先に石田城址（福江城址）がある。往時、その城内で幸せに暮していたであろうお浜さん。約一八〇年（推定）という時差をいかに乗り越えて謎解きに立ち向かえばいいのだろうか。静寂につつまれた夜半の一室で、一人悶々とするなか、「ああ、お大師様、なにとぞお力を！　なにとぞよろしくお計らいとご加護を！」と、ひたすら念じながら、一心に真言を唱えていたのであった。

六方の浜でお大師様の意図を知らされる

翌二日目、私は決してじゅうぶんとは言えないわずかな資料と地図を片手に、あちらこちらを探索してまわった。生前の母から先祖のこと、福江のことなど、だいたいのことは聞いてはいたが、宝性院をのぞいて具体的な当てなどどこにもなかった。

六方の浜

そのうえ、この日はことのほかの猛暑で、少し歩いては喫茶店を見つけて入り、休んではまた歩くといった具合で、調査はなかなか進まなかった。

夏には強いと自負する私であったが、とにかく暑い。福江がこんなに暑いところであったとは…。よりによって、どうしてこんな時期を選んできたのかと自分を責めてみたが、あとの祭りである。あまりの暑さに意識も朦朧としてきた。そのときの私の姿を見た人は、あてもなくさまよう変な旅人と思ったにちがいない。

「今こうして、こんな状態でいるのもお大師様のおはからいなのか…。あれもこれもすべてがお大師様から私に与えられた修行なのだろうか…」

私はハッと我に返り、「こんなことではイカン。しっかりしろ」と自分を叱咤した。そして徒歩による調査をやめ、タクシーを使って、ある方向を目指した。ある方向とはお浜さんの因縁の地、六方の浜である。途中、先祖の寺、宝性院に立ち寄り、栄専の眠る墓前に参り、あいさつと供養を済ませたのであった。

ようやくたどり着いた六方の浜。そこはとても静かで美しい海水浴場であった。ちょうどシーズン中ということもあり、大勢の家族連れや若い人たちが海水浴を楽しむ光景が見られた。

砂浜の一角に据えられた縁台に、三人の初老の男性が腰をおろして見張り番をしていたので、近づいて行って声をかけてみた。何か手がかりになる情報が得られるのでは、と思ったからである。

この場所を訪れた事情を話すと、その中の一人が、「昔、この浜辺に平家の落人が…」と、前日に観光バスのガイドから聞いた説明とほぼ同じ内容の話をしはじめた。だが結局、「あなたが探しょんなさるお方のことはまったく知りましぇんね」という返事であった。

すかさず別の男性がいった。

「それに私らはこのあたりに住んでいるもんではなかですけんね」

私の少し気落ちした表情を察したのか、もう一人の男性が、

「この先の入江の近くに人がおんなさるやろから、そこで聞いてみなさったらよいかもしれんね。詳しかことば知っとんなさるやろ」

と、五島弁なまりの親切な言葉で私を勇気づけてくれた。


浜辺から少し奥まったところにある集落には、民家がわずか二軒しかなかった。

「たったの二軒か…。まさか八百年前に平家の落ち武者が言い残した〝祟り〟、つまり六軒以上は家を増やさないという伝承を現在まで引きずっているのでは…。いやいや、そんなはずはないだろう」

などと独り考えながら、周辺をぼんやりながめていた。しばらくして、その二軒の民家を訪ね、目指す女性の墓のことなどを聞いてみた。だが、どちらの家の人も近年になって移り住んできたので、昔のことはよく知らないという返事であった。

「なんということだ。この六方の浜に来れば、古くから住んでいる長老の一人や二人はいてくれて、決め手となる話が聞けるにちがいないと思っていたのに…」

またもや期待が外れてガックリきたのだった。それでも二軒目の家の主人は、見知らぬ者の唐突な伺いごとにやや困惑しながらも、「墓なら、この近くにあります」と言って、その方角を指し示してくれたのだった。

さっそくその方角に行ってみると、やや小高い山の斜面に新旧あわせて八、九の墓碑がひっそり立ち並んでいた。私は真っ先に各々の墓前に合掌してごあいさつし、見知らぬ者が他人の墓地に足を踏み入れることを詫び、お許しを乞うた。

生きている人間同士でも初対面の際は、お互いに丁重なあいさつを交わすのが当然の礼儀であるが、それは霊界にいる人とて本質はなんら変わるものではない。

神妙に真言を唱え、ねんごろに供養をすませたところで、中でも特に年代の古いと思われる墓碑に向かって念をこらし、一心に祈り続けた。だが、その墓からは五代前の女性の波動を感じ取れなかった。それに、それらの墓標は長い歳月にわたって風雨にさらされ摩滅しており、刻まれた文字すら読み取ることができなかった。

「これではない。仮にこの中にあったとしても、これでは特定することは不可能だ。やっぱり探し出すことは無理なのだろうか…」と、あらためて痛感し、目的を果たすことのできないことへの苛立ちと落胆を禁じ得なかった。

灼熱の炎天下、足もとの草むらに鳴く虫の声、遠くの浜辺からかすかに聞こえてくる水浴びに興じる子供たちの歓声。そうした時空に身を置きながら、私はしばらくの間、その場に茫然と立ちつくしていた。

「せっかく六方の浜までやって来たというのに、手がかりになるようなものは何もなさそうだ。チャーターしたタクシーも長く待たせてあるし…。このへんでそろそろ引き上げようか」

「いや、いや。もう少し、この地にいよう」

「いつまでいたって仕方ないだろう」

「そうではない。十数年前のあの日、母を媒介にお大師様を通して現われたお方の生まれ育った故郷ではないか。やっと訪ねてきたのだ、もっとしっかり供養の念を持て！」

「そうはいっても、これ以上いても何も…」

私の心の中では二つの思いが交差し、対立していた。それは自問自答というよりも、あたかもだれかと会話をしているかのようにも思えた。

「もう少し、この地にいなさい。もっと供養の念を！」

自分をそのように思わせる強い念を送っているのは、いったいだれなのか。供養を求めて私に願いを託した女性の霊か。あるいは常々私を見守ってくれている亡き母か。それとも畏れ多くも御守護くださっているお大師様なのか。はたまた単に自らの潜在意識のなせるワザにすぎないのであろうか…。

美しい海の見える浜辺。入江に浮かぶ一隻の小舟。小高い山と岬にはさまれて存在する二軒の民家とわずかばかりの田畑。そんなのどかなロケーションのなか、ほかに行くあてもなく、ただぼんやりと抜け殻のようになって同じところを何度も徘徊《はいかい》するばかりであった。

しばらくさまよったのち、それまで気にもとめなかった脇道に再びさしかかったとき、ふと先のほうに目をやったところ、そこに何か見慣れぬものが存在する気配を感じた。樹木に隠れてあまり目立たない一角に、なにやら小さな建物らしきものが見えた。

よく見ると、それは無人のＮＴＴ五島中継所であった。なんの変哲もない中継所、それがどうした！　と思った瞬間、私の全身の細胞に強烈な電気が走り、深い眠りから醒めたかのように間脳の情報回路が作動しはじめたのだった。

その変哲もない中継所に気づいたことによって、いや、気づかせていただいたお陰でというべきであろうか、「間近に何かが起きる。何か不思議なことに遭遇する！」と、そんな

六方地蔵堂

予感がひらめいたのだった。何者かに導き入れられるようにして中継所の脇道をさらに入っていくと、ひっそりとたたずむ小さなお堂が目の前に忽然と現われた。

「救われた！　これは奇跡だ！　まさかこんなところで仏様に会えるとは…！」

驚きと感激で、私は心の中で叫んだ。喜び勇んで、足取りも軽くそのお堂に近づいてみると、そこにはなんと、「五島八十八カ所霊場、第四十六番札所・六方地蔵堂」と記されているではないか。そして側面の壁に芳名板が掲げられ、お堂の建立や護持のために寄進した数十人の名が書かれていた。

八十八カ所巡りといえば、「同行二人」でおなじみの、まさにお大師様（弘法大師空海）

のものである。このような辺鄙《へんぴ》（といっては失礼だが）な所にも篤い信仰が生き続けていたのだ。

つい先ほどまで、墓探しの願いが叶わないことに気落ちして、茫然自失のまま、この地を立ち去ろうとしていた私だったが、それが嘘のようにすっかり元気を取り戻していた。

表の参道からは、うっかりすると見過ごしてしまいそうな場所にある六方地蔵堂。なにかの計り知れない霊力によって、導かれるようにして立ち寄った私。いま晴れやかな心境で、この静かなお堂の前に立ち、だれはばかることなく大声で思う存分経文を捧げていた。そして五代前の女性の墓に代わって、この地蔵堂を拠所とさせていただき、あらためてご供養申し上げ、菩提を祈念することができたのである。

六方の浜の潮風を感じながら、遠く源平の合戦に想いを馳せ、さらに下って五代前の先祖（栄専和尚の母という一人の女性）のことを偲び、しばし深い感慨に浸っていた。

潮風の　六方の浜に　たたずめば
われ偲ばるる　往《いにしえ》の　猛者《つわもの》どもと
平《ひら》氏の祖霊《おや》らを

私の探し求めている女性は平家の落人の子孫であり、三十代五島藩主にみそめられ側室となって栄専を生んだが、お世継ぎとの政争を避けて身を隠した。息子の栄専は出家することで、この世の争いごとから身を隠した。こうした事情から、女性はこの世での存在を認められず、墓さえも明確に残すことができなかった。

その薄幸の女性の供養を、私はお大師様から命ぜられたのだということを、そのときはっきり認識させられたのであった。

旅路の終章

それから三年後の平成十三年（二〇〇一年）六月、私は三度目の調査に挑んだ。今度は用意周到に準備を調え、二泊三日の予定を組んで再び福江市を訪れたのだった。

これといった詳しい情報をもち合わせていない私は、まず市内にある歴史資料館を訪ねることにした。資料館は、現在は城跡だけ残っている石田城（福江城址）の本丸跡（現・五島高校）のお濠をはさんだすぐ近くにあると道行く人に教えられ、その方角に向かって

城山神社

歩いていると、資料館にさしかかる手前に立派な神社があるのが目に入った。その社は「城山神社」と石柱に記されていた。

私も神様に仕える身の人間である。当然のことながら、初めてお目にかかる神社の前を素通りというわけにはいかない。厳かな気持ちで鳥居をくぐって神殿の前に立ち、深々と一拝祈念、二拝二拍手して、神妙に祝詞を唱え、神様にごあいさつを申し上げた。そのうえで、このたびの福江訪問の目的が無事に達せられることを心から祈願したのであった。

それから資料館に行き、探している資料を求めたところ、担当の職員が市の歴史などを綴った二冊の分厚く重い冊子を渡してくれた。そこには母の先祖の系図やその他の詳細な記述は確かにあったが、肝心の女性の名は見当たらなかった。

ところが神社、仏閣の欄をめくってみて驚いたことに、人口わずか二万八千人の小さな福江市にあって、大小約六十カ所もの神社が点在し、八幡様をはじめ日本のほとんどの神様（天津神、国津神、八百万神）が祀られているではないか。また仏教寺院も各宗派あわせて約二十か寺もあった。

これはいったい何を意味しているのだろうか、と私は一瞬、深い思いにとらわれてしまった。その中には先ほど立ち寄った城山神社の名もあった。それによれば祭神は「保食神《うけもちのかみ》」「宇久家盛《うくいえもり》」「宇久競《うくきおい》」「五島純玄《ごとうすみはる》」の四神であった。保食神といえば宮中八神殿に祀られ、食物・生活を守る神として尊崇される神であり、伊勢神宮の外宮に祀られている豊受大神と同じ神様（別称同義）である。

あとの三神は、なんと五島家藩主の初代（始祖）・宇久家盛（宇久は五島家の旧姓）と第五代・宇久競、そして第二十代・五島純玄（これより五島に改姓）の祖霊神であった。傍系とはいえ、曲がりなりにも五島家の子孫にあたる私は、何も知らずに事前にこの城山神社に立ち寄り、参拝祈願した自分の行為と、その不思議な因縁に並々ならぬものを感じていた。

これもひとえに神様や仏様、ご先祖様の深遠なるエネルギー作用（お許らい）の賜物なのであろうかと邪気なく素直に受け止めることができた。そしてこのとき、おそらく江戸末期（文政～天保～慶応）頃に存在していたであろう五代前の女性についての謎解き調査という難題に、躊躇することなく立ち向かう勇気と活力が自然と私の心の中にわき起こってきた。

暗中模索、雲をつかむ思いであったが、神様、祖神との出会いによって、これまでの一抹の不安から一転、ひそかな望みの光がさしこみ、うれしさのあまり、思わず無意識に童謡「村祭り」を口ずさんでいた。

村の鎮守の神様の　今日はめでたいお祭り日
どんどんひゃらら　どんひゃらら
どんどんひゃらら　どんひゃらら
朝から聞こえる笛、太鼓

諸仏諸尊とご先祖との巡り合い

翌日、三年ぶりに宝性院（通称・軽成院）の栄専和尚の墓に参ることにした。宝性院を訪ねると住職は不在であったが、代わりに奥様からいろいろと話を聞くことができた。このたびの訪問の目的を伝え、五代前の女性の件をたずねたが、まったくご存知ないという。それもそのはず、二十一年前に母と訪れた際、先代の住職ですらわからなかったのだから。その老僧夫妻も残念ながら、すでに他界されていた。

私が少し気落ちしているのを見て、奥様は、それなら大円寺と宗念寺を訪ねてみてはどうかと二つの寺を紹介してくれた。大円寺は五島における曹洞宗の本山で、五島家代々の藩主の菩提寺であり、宗念寺は浄土宗で、藩主を支えた女性たちの菩提寺だということであった。

大円寺を訪ねてみて驚いた。なるほどこの寺は累代藩主の菩提寺にふさわしく、寺院もそれを取り巻く墓地（史跡に指定）や庭園の樹々の手入れも整然となされ、風格のある立派なものであった。本堂の前でうやうやしく礼拝・合掌し、それから代々の墓がある墓地

大円寺

宗念寺

芳春尼

へまわり先祖供養をさせていただいた。

気分も晴れやかに、待たせてあったタクシーに急ぎ乗りこみ、お浜さんの足跡を求めて次なる寺、宗念寺へと向かった。

宗念寺には第二十二代・五島盛利《もりとし》の実母・芳春尼《ほうしゅんに》の墓碑をはじめ、代々の藩主の生母や妻、側室などが眠っている。

宗念寺の山門の前でタクシーを帰し、振り返って境内を見上げると、ちょうどそこに「ゴーン、ゴーン…」と鐘が鳴り響きはじめた。まるで私の訪問を歓迎するかのように…。そこにタイミングよく、近隣の有線放送からだろうか、子供のころよく歌った「夕焼け小焼け」の曲が流れてきたのである。時計を見ると、ちょうど午後五時を指していた。

夕焼け小焼けで日が暮れて　山のお寺の鐘が鳴る
お手手つないで　みな帰ろう
カラスといっしょに帰りましょう

私は一瞬、子供のころに引き戻され、なつかしい想いの中に放りこまれた。この歌の情景そのままに、一日じゅう遊びまわったあと、友と別れて、夕焼けで空も野も真っ赤に染まった風景のなか、家路を急いだ幼いころの自分。胸の奥から突き上げてくる感動を抑えることができなかった。

本堂の前で合掌し、経文を唱え終わったころ、先ほどまで鐘をついていた老住職が声をかけて来られた。

「心に染み入る鐘の響きでした」

これが私が最初に発したあいさつであった。そのときの感動そのままを素直に述べたのである。私の感激ぶりが伝わったのだろうか、住職は、

「昔からずっと二時間ごとについていたのですが、近年は朝夕の二回だけになりました。長年の行が報われたのでしょうか、時の記念日には県や市から表彰されたこともありましたよ。それと、いま聞こえている有線ですが、あれは近くの中学校から流れているんですよ」

と親しみをこめて話してくれた。

私がこれほどまでに梵鐘の音と「夕焼け小焼け」の曲に感銘したのには、ちょっとした訳があった。

実は、その年（平成十三年）の正月、自宅の道場で催す新年恒例の初大師祭の席上、年頭の辞として私は信者さんの前で、「昨年は九州の福岡で発生したバスジャック事件をはじめ、青少年による凶悪犯罪が多発したが、本年はそれがさらにエスカレートして理解しがたいような異常な事件が続発するだろう」というような話をしていた（事実、次の年は大阪の池田小、児童無差別殺傷事件をはじめ、通り魔事件やストーカー殺人などが多発した）。そして「夕焼け小焼け」や「村祭り」の歌を取り上げ、日本はたしかに物は豊かになったが、一方で心の軸になるものを見失い、人間本来の精神、純朴さをどこかに置き忘れてきたように思える。これらの歌に歌われた日本人の原風景ともいえるものを、もう一度思い出すことで、日本人としての主体性（アイデンティティー）を取り戻すことができるのではないか、というような話をしたばかりだった。

飽食の時代と言われるようになって久しいが、現代はあり余るほどの物に囲まれ、人間の脳細胞（情報処理能力）の許容量をはるかに上回る情報が氾濫しているが、それらは一見、便利で快適そうに見えるが、それとは裏腹に心の歪みや喪失感をもたらし、魂が抜けてしまったような人間を増加させている。

住居は物であふれかえっていても神仏やご先祖とアクセスする神棚や仏壇のない家庭が

増えている。また、携帯電話やパソコンとにらめっこする時間はあっても、神仏やご先祖に手を合わせる人は少ない。これが現在の日本の世相である。

やっとたどりついた宗念寺であるが、この寺は大正四年ごろに火災にあい、寺の資料がすべて焼失していた。残念ながら、結局、宗念寺には私の捜し求めている女性の墓は見当たらなかった。本来ならば三十代藩主の側室であり栄専和尚の母である女性の墓は、代々藩主に仕えた女性たちが眠るこの宗念寺のどこかにあってしかるべきであった。

なぜ、ここに墓がないのか…。私はこのとき初めて母のお告げの意味を理解することができたような気がした。

思えば、そもそもの発端は、私が母に自分の人生相談をしたことにある。そのときのお告げの中に図らずも五代前の女性が現われ、母は私にこの女性の身元（所在）をはっきりさせ、供養することを命じたのである。

私はその命令をありがたく受け、今回の三回目の旅行で一応の役目を果たすことができたと思っている。はっきりとその人のお墓を確認できたわけではないが、代々藩主を支えてきた女性たちが眠る宗念寺までたどり着き、彼女たちの墓前にぬかずいて先祖供養をすることができたからである。

私がその場を訪れ、供養できたことをお浜さんはもちろん、先祖たちはさぞ喜ばれたことだろう。そのことによって、私は彼女らから生涯にわたって良い影響力を与えていただけるようになったと確信している。いま思うと、これもすべてお大師様のお導きであったように思えてならない。

この本が出たら、お浜さんはやっと表に出ることができたと喜んでくれるだろう。

おわりに

二十一世紀は脱エントロピアンの時代

人類が地上に誕生して以来、恒久平和を希求してきたにもかかわらず、二十一世紀を迎えた今も世界各地でテロや紛争は続き、平和の糸口が見出せないままである。テロや紛争の原点をたどれば、そのほとんどがイスラエル対パレスチナ、インド対パキスタン、イギリス対アイルランドといった民族的・宗教的対立に根ざしたものであり、その憎しみの根は深く、この先も解決の糸口は容易に見つかりそうもない。

人類は歴史的な恩讐と対立を超えて、この地上に平和な未来を築くことができるのだろうか。これまでの歴史と現在の世界の状況を見るかぎり、暗澹たる気持ちになってくる。

しかし私は希望を捨てていない。世界に恒久平和が訪れることは可能であると信じているからである。ただし、それには条件がある。その条件とは日本をモデルにした神仏習合のスタイルが全世界に根づくことである。神仏習合のスタイルが全世界に根づけば、一神教のように神様同士が争うこともなく、互いに和合して生きることができるはずである。

イエスの少年時代のいわゆる空白の期間はインドで学んでいたという説がある。また、弘法大師・空海も修行僧時代、唐の長安の都においてシルクロードを通って入ってきた西欧の宗教に通じていたと言われている。であるならば、宗教においても西洋と東洋の接点を見出せないはずはない。

私は学生時代、二年間ほど海外諸国を見て回った経験がある。そのとき通算四十数か国を訪れたのであるが、当然ながら世界のどこにも神社の入り口を示す「鳥居」を見つけることはできなかった。

世界各地に鳥居が立ち、仏閣が建てられ、地球上のすべての人々が手を合わせて神仏を信仰するようになれば、これまで人類がくり返してきたような宗教戦争はなくなるのではないだろうか。

地球上のすべての人々が正しい信仰によって神仏と交流するようになれば、この世から戦争は消え、平和な世界が実現することはまちがいない。

こんな話をすると、あたかも実現不可能な妄想・夢想を口にしていると笑う人がいるかもしれない。そうであろうか。私はそうは思わない。なぜなら正しい信仰にはそれだけの力が秘められているからである。

神仏との交流がまったく断たれてしまっている人間には、そのすばらしい力（神密力）について想像だにできないかもしれないが、それは妄想でも夢想でもなく現実に起き得ることなのだ。信じられないという人はまず自分で試してみてはいかがであろう。

その方法は今日から正しい信仰をはじめることである。神仏に祈り、神仏を信頼し、神仏との交流を通して常に神仏の〝声〟を聞きながら行動する。そうすれば自ずと神密力が身につき、神密人間になれるだろう。

私は断言する、「二十一世紀、世界を変えることができるのは神密人間しかいない」と。神密人間の一人ひとりの力が結集されれば、世界に恒久平和をもたらすことも夢ではない。まず、その一歩は自分から。そして何はさておいても政治家たちにはじめてもらいたい。宗教心の欠けた政治家に国と国民を治めることは無理である。まして国際社会をリードすることなど不可能である。

何かのご縁で、この本を手に取られたあなたも今日から神密人間になるべく、正しい信仰を行なうことをお奨めしたいと思う。一人ひとりの自覚と信仰の力が世の中を変え、世界を変える力になる。それは歴史が証明している事実である。

母の遺品を整理していて、偶然、一冊の大学ノートを見つけた。色あせたそのノートの裏表紙には、「詩集　一九三〇年（昭和五年）鹿島美代子（旧姓・本名）と記してある。母、十六、七歳。女学生の頃の作品と思われる。
そこに収められた数々の詩は、折々に綴ったものであろう。どの詩も情緒あふれる美しいもので、息子である私でさえ知らなかった母の一面を見せてもらったようで非常に感激したのだった。中でもとくに私の目をひいたのは、次のような詩であった。

幸せは　銀の翼に乗って来る
南の国の果てしから
青いみ空の光りから
銀の翼に乗って来る

青い木は　ただちょっぴりと
赤い新芽ののぞく頃
バラの根もとにうずくまり

銀の翼を待ちましょう

私はこの謎めいた詩を読んで、正直のところ大きな衝撃を受けた。

なぜ〝銀の翼〟という言葉が詩の中に登場するのか？

なぜ〝(幸せが) 銀の翼に乗って来る〟のか？

なぜ〝銀の翼を待ちましょう〟なのか？

当時の日本には、いや世界中のどこにも、まだ銀の翼をしたプロペラ機やジェット機は飛び交っていなかったはずである。そんな時代背景を鑑みると、たとえメルヘンチックな年頃の十代の娘であったとはいえ、作詩のイメージとして〝銀の翼〟のモチーフは不自然であり不可解としか言いようがない。

この不自然さと不可解さ…。ひょっとしたら、この〝銀の翼〟とはUFOを意味する表現だったのでは…。

そして真っ先に思い浮かべたのが、有名な「かぐや姫」の伝説であった。月(宇宙)から地球を訪れていたかぐや姫が、やがて再び月に帰っていく話である。

そういえば私が子どもの頃、母から、娘時代に描いたという何枚かの絵を見せてもらった記憶がある。どれもこれもとても美しく、神秘的にデフォルメされた「お月さんの絵」であった。

「私がいちばん好きなのはコレ！」

と母が指さしたお気に入りの絵は、紺碧《こんぺき》の宇宙空間にポッカリと浮かんだ大きな三日月であった。そして、その三日月の顎《あご》の部分に、まるでブランコのように腰かけている天女の姿があった。

もしかして母は宇宙のかなたから地球人を導くために遣わされた人ではなかったか…。この一篇の詩から、そんな想像さえかきたてられたのであった。

また、明治生まれの母がすでに宇宙的な視野と意識をもっていたことを知って驚くとともに、平成の世に生きる現代の人間がいまだにこうした広い視野をもちえず、目先の争いに明け暮れていることとのギャップに嘆息もしたのであった。

地球上のすべての人が宇宙的な意識をもち、同じ一つの星に共存している仲間なのだという自覚と認識をもつことができたら、地球はもっと住みやすくなることは疑うべくもない。今こそ、エントロピアン（業の深い人）から脱皮して、神密人間になろうではないか。

参考文献

浅野妙恵著『霊界の秘密』潮文社刊
浅野妙恵著『神霊界の真実』たま出版刊
コンノケンイチ著『般若心経は知っていた』徳間書店刊
勝又俊教著『お経　真言宗』講談社刊
『真言宗日用勤行集』永田文昌堂刊
「仏教を歩く・空海」週刊朝日百科（第一巻）
『今日のソ連邦』（一九九〇年五月号）
『神道大祓全集』永田文昌堂刊
『宇佐神宮由緒記』
『八幡宇佐宮御託宣集』
『福江市史（上巻）』福江市刊
「季刊・仏教」（一九九一・七）法蔵館刊

『五島編年史』
『明星院縁起』

神《じん》密《みつ》力《りき》

浅野 恵勝（あさの けいしょう）

昭和十八年　広島に生まれる。

昭和四十六年　拓殖大学商学部卒業。

幼少より信仰心の篤い両親のもとで育ち、神仏の縁が深かった。

英語講師、塾経営のかたわら、真言宗僧侶の父より密教全般を学び、昭和五十三年、僧名・恵勝をいただく。霊能者の母より神道・仏教の精神を根底にした霊道全般の秘伝を授かる。

平成六年、故あって出家・得度（高野山真言宗）し、現在、自宅道場の草庵にて諸仏・諸神を祭り、「神密力」の実践に専念。

大師会教主、大日如来大学在学中（終身学生）。

（連絡先）
〒733-0853　広島市西区山田新町2-20-5
電話　082-272-8251
FAX　082-272-4777

2004年 4 月30日　初版第 1 刷発行

著　者　浅野 恵勝
発行者　韮沢 潤一郎
印刷所　図書印刷株式会社

発行所
〒160-0004
東京都新宿区四谷4-28-20
電話　03-5369-3051
振替　00130-5-94804
株式会社 たま出版

ISBN4-8127-0144-9